콩콩도시락이 특별한 이유

① **아침 20분이면 만들 수 있어요**
조리 도구나 요리 스킬에 따라 차이가 있을 수 있지만
아침 20분 정도면 만들 수 있도록
조리 과정, 도구, 재료 등을 충분히 고려했어요.

② **균형 잡힌 영양을 섭취할 수 있어요**
도시락을 구성하는 메인 메뉴, 사이드 메뉴는
영양을 골고루 섭취할 수 있도록 밸런스를 맞췄어요.
도시락 하나면 균형 잡힌 한 끼를 만날 수 있지요.

③ **포만감이 오래 가요**
활동이 많은 오후 시간을 앞두고 먹는 도시락인 만큼
포만감이 오래가도록 든든하게 구성했어요.
메인 메뉴만으로도 배가 부르다면 사이드 메뉴는
출출한 오후에 간식으로 즐겨도 좋아요.

④ **시판 제품과 소스를 적절하게 사용해서 맛있어요**
아무 맛도, 간도 없는 억압된 다이어트 도시락이 아닌,
시판 제품과 소스를 적절히 사용해 맛을 더했어요.
덕분에 다이어트를 즐겁게 지속할 수 있답니다.

⑤ **간단한 재료, 아이디어 도구 덕분에 만드는 사람도 편해요**
복잡하고 많은 재료보다 간단한 재료,
몇 천 원으로 구입 가능한 아이디어 조리 도구,
쉽게 구할 수 있는 시판 제품 등을 사용해
도시락을 만드는 사람도 편하도록 했어요.

⑥ **인스타그램에선 만나지 못했던 자세한 내용과 팁을 실었어요**
모든 과정은 사진과 설명을 1:1로 넣었고,
사용한 재료, 소스는 제품명과 구입처를 최대한 소개했어요.
또한 대체 재료, 조리 팁 등을 많이 담아서 소장가치를 높였답니다.

아침 20분, 예쁜 다이어트 도시락 # 콩콩 도시락

메인 메뉴 1개
+
사이드 메뉴 3개

김희영 지음

'도시락' 하나로 60만 팔로워와 소통하는
파워 인스타그래머 #콩콩도시락

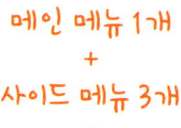

레시피
팩토리

하고 싶은 요리책

아침 20분, 예쁜 다이어트 도시락 **콩콩**도시락

PROLOGUE

나를 위해, 사랑하는 이를 위해 #콩콩도시락

늘 철인같이 든든한 남편이었는데, 마흔이 되자 하루가 다르게 체력이 떨어지는 게 눈에 보이더군요.
어느 날은 손발이 붓기도 하고, 또 피곤해하는 날도 늘어났고요. 거스르지 못한 세월의 탓이 가장 크겠지만
불규칙한 생활 때문에 훅 늘어난 몸무게와 뱃살도 한몫한 거라 판단했습니다.
이래선 안 되겠다는 생각에 남편의 다이어트를 돕기로 결심했지요.

잠이 많아 아침밥은 거르기 일쑤였고, 야근이나 회식으로 불규칙한 저녁 식사를 하는 경우가 허다하다 보니
제대로 된 밥을 챙겨줄 수 있는 건 점심이 유일했습니다. 그래서 점심 도시락을 싸기 시작했어요.
하나, 둘 만든 도시락을 기록하고자 인스타그램에 올렸고, 그렇게 시작한
#콩콩도시락이 어느덧 수십만 명의 팔로워와 함께하는 공간이 되었습니다.

바쁜 아침에 도시락 싸랴, 영상 촬영하랴, 힘들지 않냐고 물으시는 분들이 종종 있습니다.
물론 힘든 날도 있지만 즐거움이 더 커요. 아이 둘을 키우는 워킹맘으로 10년 정도 살면서
내가 좋아하는 일은 점차 할 수 없게 되고, 시간에 쫓기면서 지내는 때가 많았거든요.
하지만 도시락을 만들고, 영상을 촬영하고 편집하는 것이 제게 활력소가 된 거죠.

*
저의 팔로워들은 '콩콩도시락 = 예쁜 도시락'이라고 많이들 생각하십니다.
맞는 말씀이에요. 누군가를 위한 도시락이다 보니 모양, 색깔과 같은 담음새에 꽤 신경을 썼지요.
또 하나의 이유를 들자면, 다이어트 도시락이다 보니 가끔은 먹기 싫을 때도 있잖아요.
그래서 예쁘면 조금이라도 더 기분 좋게 먹지 않을까 하는 마음에 신경 쓰게 된 거랍니다.

그런데 저희 남편은 보기도 좋지만 맛있으니깐 더 잘 먹는 거라고 하더군요.
흔히들 다이어트 요리라고 하면 간이 전혀 안 된 닭가슴살, 쓴맛이 강한 채소, 퍽퍽한 삶은 달걀과 같은
극단적인 식단을 떠올린답니다. 하지만, 이렇게 무리한 식단은 오래 유지할 수 없잖아요.

저는 적정한 선에서 시판 제품과 소스를 사용합니다. 일반 소시지, 햄 대신 다이어트용 닭가슴살 소시지나
열량이 절반인 마일드 제품을 이용하고요, 허브맛소금, 스리라차 소스와 같은 양념으로 맛을 살리되,
양을 적게 하지요. 그 덕분에 맛은 물론 담백하고 깔끔해서 먹고 나면 속이 편하다고 할 정도예요.

이렇게 맛, 담음새에 신경을 쓴 콩콩도시락 덕분에 남편은 다이어트를 꾸준히, 즐겁게 이어나갈 수 있었고,
두 달 동안 7kg 감량에 성공했어요. 물론 여전히 잘 유지하고 있으며, 건강도 찾았고요.

*
콩콩도시락의 시작은 남편의 다이어트를 위함이었지만, 제 도시락을 따라 만드는 분들을 보니
누군가를 위해서, 또 나를 위해 준비하는 분들이 참 많더군요.
나만을 위한 콩콩도시락을 만들면서 내 몸을 더 사랑하게 되었고,
또 몸도 가벼워졌다는 분들의 글을 볼 때면 제가 오히려 더 감사함을 느낀답니다.

처음 책 제의가 왔을 때는 걱정이 컸습니다. 요리책은 대단한 분들만 만드는 거라고
생각했거든요. 고민 끝에 책을 만들기로 한 이유는 딱 하나입니다.
콩콩도시락을 사랑해주시는 분들을 위해서지요.

SNS 게시물은 시간이 지나면 다시 찾아보기 어렵잖아요. 그래서 책으로 소장하면서
두고두고 편하게 보셨으면 하는 마음이 컸거든요. 또 그간 짧은 영상으로는 다 담을 수 없었던
나름의 노하우와 평소 많이들 궁금해하시는 정보를 모두 알려드리고 싶었고요.

이번 제 책에는 그간 인스타그램에서 좋아요의 숫자가 높았던 도시락과 책을 위해 새롭게 개발한 것,
마지막으로 콩콩도시락의 주인공인 남편이 직접 선정한 도시락까지.
진짜 '콩콩도시락'을 제대로 담았으니 많은 분들이 활용해주시고, 사랑해주시면 좋겠습니다.

마지막으로 이 책을 만드는데 도움을 주신 분들에게 감사의 인사를 할까 합니다.
가장 먼저 콩콩도시락을 늘 응원해주는 인스타그램 친구분들, 진심으로 고마워요.
그리고 레시피팩토리 스태프분들, 고생하셨어요. 한마음으로 책을 만들면서 인생을 배운 기분입니다.
소중한 가족! 늘 아낌없는 지원을 해주시는 아버님과 어머님, 저를 늘 믿어주시는 친정 아빠,
언니와 형부 그리고 윤이. 높은 곳에서 우리 가족을 바라보며 행복해하실 엄마.
마지막으로 세상에서 가장 사랑하는 두 꼬맹이 D.Y 두 건이, 그리고 남편, 사랑합니다.

— 깜장콩콩이 김희영

CONTENTS

002 **Prologue**
나를 위해, 사랑하는 이를 위해 #콩콩도시락

180 **Index**
주재료별 / 가나다순

BASIC GUIDE
알아두세요

010 콩콩도시락 6가지 특징
011 콩콩도시락 책의 구성

콩콩도시락을 빠르고 예쁘게 만들기 위한 도구
012 [1] 도시락 용기
013 [2] 조리 & 모양내기 도구

콩콩도시락을 맛있고 빠르게 만들기 위한 재료
016 [1] 시판 제품
020 [2] 시판 소스 & 양념
022 [3] 뿌리링

콩콩도시락을 더 알차게 만들기 위한 조리 정보
024 [1] 많이 쓰는 재료 익히기
026 [2] 과일 예쁘게 썰기

028 콩콩도시락이 더 맛있어지는 계량

 PART 1

주먹밥 & 유부초밥

- 032 게맛살 날치알 김주먹밥 도시락
- 034 낫토 오이 군함말이 도시락
- 036 메추리알모자 두부 유부초밥 도시락
- 038 병아리콩 유부초밥 도시락
- 040 브로콜리 새우주먹밥 도시락
- 042 새우 카레주먹밥 도시락
- 044 쇠고기 유부볼 도시락
- 046 쌈무꽃 주먹밥 도시락
- 048 양배추 치즈볼 도시락
- 050 참치 아보카도주먹밥 도시락
- 054 참치 오이초밥 도시락
- 056 충무 하트주먹밥 도시락
- 060 현미 도넛주먹밥 도시락

 PART 2

샌드위치 & 토스트

- 066 고구마 & 팥 웨이브 토스트 도시락
- 068 낫토 아보카도 핫샌드위치 도시락
- 070 달걀 소시지 오픈토스트 도시락
- 072 달걀꽃 핫도그 도시락
- 074 당근절임 샌드위치 도시락
- 076 방울토마토절임 오픈토스트 도시락
- 078 삼색 파프리카 샌드위치 도시락
- 080 아스파라거스 보자기 샌드위치 도시락
- 082 연어샐러드 포켓샌드위치 도시락
- 084 콘 감자 토스트 도시락
- 086 타마고 샌드위치 도시락
- 088 토마토 상추꽃 샌드위치 도시락

122

130

 PART 3
김밥 & 롤

- 094 달걀말이김밥 도시락
- 096 달걀 줄무늬김밥 도시락
- 100 닭가슴살 또띠야롤 도시락
- 102 닭가슴살 도톰김밥 도시락
- 104 닭가슴살 채소 스프링롤 도시락
- 106 두부 약고추장 물방울롤 도시락
- 108 소시지 하트 김밥 도시락
- 110 쌈무롤 도시락
- 112 아보카도 에그롤 도시락
- 116 채소 가득 양배추롤 도시락
- 118 년어 아보카도 깻잎롤 도시락
- 120 치팸 두부 무스비 도시락
- 122 파프리카 가득 케일롤 도시락
- 124 후무스 또띠야롤 도시락

 PART 4
샐러드 & 면

- 130 아보카도 소스 감자국수 도시락
- 132 토마토 소스 구운 채소샐러드 도시락
- 134 두부 카프레제 도시락
- 136 또띠야컵 고구마샐러드 도시락
- 138 면두부 오이말이 도시락
- 140 새우 과카몰리 도시락
- 142 아보카도 망고 푸실리 도시락
- 146 자몽꽃 샐러드 도시락
- 148 볶음 주키니면 도시락
- 150 토마토 꽃밭 샐러드 도시락
- 152 통단호박 샐러드 도시락
- 154 하트 아보카도 콥 샐러드 도시락

PART 5
스낵 & 플래터

- 162 당근전 & 감자전
- 163 통밀 모닝빵꽃
- 164 소콩소콩
- 165 닭가슴살 오이롤 꼬치
- 166 네 가지 맛 아보카도카나페
  - 방울토마토 아보카도카나페
  - 달걀 아보카도카나페
  - 병아리콩 아보카도카나페
  - 자몽 아보카도카나페
- 168 아보카도 플래터
  - 아보카도 또띠야피자
  - 아보카도스무디
- 172 베리베리 플래터
  - 베리 크림치즈 오픈샌드위치
  - 베리스무디
- 174 열대과일 플래터
  - 바나나 망고 오픈샌드위치
  - 시나몬 바나나스무디
- 176 시트러스 플래터
  - 오렌지 자몽샐러드
  - 시금치 오렌지스무디

176

 Q&A #콩콩도시락! 콩콩이가 답한다!

- 053 다이어트를 하고 싶지만 늘 시간에 쫓겨 사는 워킹맘이라 제약이 많네요. 그중 제일 어려운 건 장보기! 좋은 노하우 없나요?
- 059 출근 준비만으로도 바쁜 아침, 도시락을 만들 수 있는 시간 절약 꿀팁을 알려주세요!
- 099 매번 색다른 모양의 콩콩도시락을 볼 때면 감탄이 절로 나와요. 모양은 어떻게 구상하나요?
- 115 도시락을 예쁘게 담는 핵심 노하우를 알려주세요!
- 145 다이어트 음식은 참 맛이 없어요. 그래서 먹기 싫을 때가 너무 많고요. 좋은 해결책 없을까요?
- 157 콩콩도시락은 예쁜 모양뿐만 아니라 맛도 참 좋아요. 메뉴 구상은 주로 어떻게 하나요?
- 178 콩콩도시락처럼 영상을 촬영하고, 만들어보고 싶어요.

콩콩 스토리

- 062 밸런타인데이, 마음을 전할 러블리 김치주먹밥 도시락
- 090 결혼기념일, 당신만을 바라볼게요. 카레 해바라기 주먹밥 도시락
- 126 둘이 만나 하나가 되는 부부의 날, 하트 소시지 주먹밥 도시락
- 158 아쉬움 대신 기다림이 있는 신혼여행, 닭가슴살 타코 도시락

"제 인스타그램 팔로워들이 가장 궁금해하는 내용이자
콩콩도시락을 만들기에 앞서 준비하면 좋은 것들을 담았습니다.
처음부터 모두 구비하기보다는 하나, 둘씩 준비해보세요.
도시락 싸는 재미가 더해질 거예요."

BASIC GUIDE

알아두세요

콩콩도시락 6가지 특징

① 20분
도시락 1개를 완성하는 시간은 20분 정도예요.
조리 도구나 요리 스킬에 따라 조금씩 차이가
나긴 하지만 바쁜 아침에 후다닥 완성할 수 있도록
조리 과정, 재료 등을 고려했어요.

② 1인분
모든 도시락은 1인분 기준입니다.
사람에 따라 조금씩 다르지만 남성이 먹었을 때
적당한 포만감이 느껴지는 정도이고,
여성이 먹었을 땐 기분 좋은 배부름이
느껴지는 분량이랍니다.

③ 든든한 포만감
활동이 많은 오후 시간을 앞두고 먹는 도시락인 만큼
포만감이 오래가도록 든든하게 구성했어요.
메인 메뉴만으로도 배가 부르다면 사이드 메뉴는
출출한 오후에 간식으로 즐겨도 좋아요.

④ 영양 균형
메인 메뉴, 사이드 메뉴는 영양을 골고루
섭취할 수 있도록 밸런스를 맞췄어요.
도시락 하나면 균형 잡힌 한 끼가 됩니다.

⑤ 시판 제품과 계량 & 눈대중
복잡하고 많은 재료보다 간단한 재료,
쉽게 구할 수 있는 시판 제품을 사용했어요.
제품명과 구입처를 최대한 자세히
실었습니다(16쪽). 또한 누가 만들어도 똑같은 맛을
내기 위해 계량컵과 계량스푼을 이용했고
필요한 경우 손대중도 적어뒀어요(28쪽).

⑥ 건강한 조리법
데치는 조리법을 많이 선택했고, 과일과 채소를
생으로 즐길 수 있도록 했어요. 또한 구이의 경우
기름을 최소로 사용했답니다. 덕분에 바쁜 아침에
더 간편하고 건강하게 도시락을 쌀 수 있습니다.

콩콩도시락 책의 구성

본 책의 레시피는 아래와 같이 구성되어 있어요. 콩콩도시락을 만들기 이전에, 먼저 읽어보세요.

도시락 소개
도시락을 구성하는 메인 메뉴 1개와 사이드 메뉴 3개를 미리 보여드립니다.

메인 칸
도시락의 메인 메뉴를 담는 칸이에요. 본 책에서는 각 파트별로 주먹밥 & 유부초밥, 샌드위치 & 토스트, 김밥 & 롤, 샐러드 & 면을 소개합니다.

사이드 칸
총 3개의 사이드 칸에는 메인 메뉴의 영양, 색깔 등을 고려해 겹치지 않도록 담습니다. 또한 불 조리 없이 썰거나 그대로 담기만 하면 되는 걸로 하되, 되도록 예쁜 모양이 되도록 신경썼지요.

레시피
따라 만드는데 불편이 없도록 과정 사진과 설명을 1:1로 상세히 담았어요.

콩콩팁
낯선 재료 소개, 재료 대체하기, 더 예쁘게 만들기 등 다양한 팁을 담았어요.

콩콩도시락을 빠르고 예쁘게 만들기 위한 도구

[1] 도시락 용기

휴대하기 좋고, 메인과 사이드 메뉴를 따로 담을 수 있고, 요리끼리 섞이지 않도록
칸이 나눠져 있는 제품을 사용하는 것이 좋아요. 가지고 있는 도시락 용기에 맞춰 활용해보세요.

[가장 많이 쓰는 콩콩도시락 용기]

아오이(Aohea)

제 인스타그램에서 가장 많이 나오는, 일명 '콩콩도시락'이라 불리는 그 제품이에요.
해외 나이어터 사이에서 유명한 이 도시락은 미국, 유럽, 일본 등
전세계적으로 판매되고 있지요. 내부 트레이가 칸칸이 나누어져 있어
여러 종류의 음식을 편하게 담을 수 있고, 식단 구성에도 도움을 줍니다.
전자레인지 사용도 가능해 따뜻한 도시락으로도 즐길 수 있어요.
＊구입처 콩콩도시락 스토어(smartstore.naver.com/kongkong2_kim)

[그외 추천하는 도시락 용기]

프렙드 팩(Prepd pack)

대나무 케이스, 자석을 이용한
여닫이가 특징이에요.
＊구입처 아마존
(www.amazon.com)

블랙앤블럼(Black+blum)

통이 분리가 가능해
좀 더 실용적인 도시락이에요.
＊구입처 아마존
(www.amazon.com)

[2] 조리 & 모양내기 도구

이런저런 다양한 모양의 콩콩도시락 요리들! 어떻게 쉽게 뚝딱 만드냐고요?
아이디어 도구만 있으면 해결되지요. 제가 직접 사용해본, 실속 있는 것들로 추천합니다.

스파이럴라이저
채소나 과일을 길고 가늘게 채 썰어주는 도구예요. 재료를 홀더에 고정시킨 후 손잡이를 돌리면 면발처럼 썰리지요. 칼날의 종류에 따라 굵기와 모양을 조절할 수도 있어요. 면이 생각나는 날, 밀가루 0%의 채소면을 즐겨보세요.
* **구입처** 콩콩도시락 스토어(smartstore.naver.com/kongkong2_kim), 대형 마트

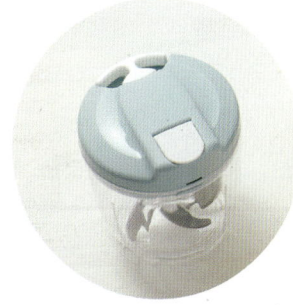

차퍼
통에 재료를 넣고 줄을 당겨 칼날을 회전시키면 한번에 재료가 쉽게 다져져요. 차퍼는 크기가 너무 작은 것보다 큰 게 유용하지요. 뚜껑을 닫았을 때 견고한지, 안전한 칼날인지, 세척이 편리한지 등을 꼼꼼히 비교해서 구입하세요.
* **구입처** 콩콩도시락 스토어 (smartstore.naver.com/kongkong2_kim), 대형 마트

매직랩
샌드위치, 롤 등 도시락 메뉴에 유용하게 활용하는 랩이에요. 투명한 랩과는 달리 겉면이 끈끈해서 더 단단히 음식을 감쌀 수 있어요. 이때, 끈적이는 부분을 바깥쪽으로 감싸야 랩에 음식물이 묻지 않고, 깔끔하게 포장할 수 있답니다.
* **추천 제품** 글래드 매직랩
* **구입처** 대형 마트, 코스트코

모양틀

다양한 모양의 틀을 활용하면 쉽게 예쁜 도시락을 만들 수 있어요. 채소는 물론 치즈, 과일 등에도 활용해보세요. 크기가 큰 모양틀은 또띠아, 식빵 등을 일정한 크기로 반듯하게 자를 때도 유용해요.
*** 구입처** 인터넷 쇼핑몰, 베이킹숍, 천원숍

달걀 분리도구

달걀의 흰자, 노른자를 분리할 때 사용하는 도구예요. 볼에 도구를 올린 후 달걀을 깨뜨리면 아래쪽 구멍을 통해 흰자가 빠지고 위쪽에 노른자만 남지요.
*** 구입처** 인터넷 쇼핑몰, 대형 마트, 천원숍

주먹밥틀

일정한 모양과 크기의 주먹밥을 만들거나 예쁜 모양의 주먹밥을 만들 때 유용한 틀입니다. 밥을 넣고 누르거나 흔들기만 하면 되기 때문에 간편해요. 손에 밥풀도 묻지 않지요. 주먹밥틀은 아이와 함께 요리할 때 사용해도 좋아요.
*** 구입처** 인터넷 쇼핑몰, 베이킹숍, 천원숍

달걀 슬라이서

달걀을 깔끔하게 자를 수 있도록 도와주는 도구예요. 가로와 세로 두 방향으로 자를 수 있는 제품이 유용하고 날 부분이 스테인리스이며 얇을수록 깔끔하게 잘려요. 달걀 슬라이서를 이용할 땐 달걀을 올린 후 망설임 없이 한 번에 찍어 내려야 잘 썰려요. 없다면 실이나 치실을 활용해도 좋아요.
*** 추천 제품** JAJU, 인터넷 쇼핑몰, 천원숍

스쿱

으깬 고구마, 감자, 단호박 등을 일정한 크기와 모양으로 만들어주는 도구예요. 스테인리스, 플라스틱 등 다양한 소재가 있답니다. 스쿱이 없을 땐 오목한 숟가락 2개를 이용해 둥글게 모양을 맞추어도 좋아요.
*** 구입처** 인터넷 쇼핑몰, 천원숍

달걀말이용 사각팬

달걀말이는 일반 둥근 팬으로 만들어도 좋지만 사각팬을 이용하면 더 쉽고 예쁘게 완성할 수 있어요. 코팅이 잘 되어 있는지, 크기가 적합한지 등을 비교해서 구입하세요.
*** 구입처** 대형 마트

김펀치

김을 다양한 모양으로 자를 때 쓰는 도구예요. 동그란 모양을 낼 땐 깨끗이 세척한 문구용 펀치를 활용해도 좋아요. 김펀치로 김을 자를 땐 바삭한 김을 사용해야 찢어지지 않고 깔끔하게 모양을 낼 수 있어요.
✽ 구입처 인터넷 쇼핑몰, 천원숍

채칼

재료를 손쉽게 채 썰 수 있는 도구예요. 칼로 썰 때보다 편하고, 일정한 크기로 썰 수 있지요. 특히 단단한 당근이나 무, 많은 양의 재료를 썰 때 유용하게 활용하지요. 굵기를 자유롭게 조절할 수 있는 제품을 구입해도 좋아요.
✽ 추천 제품 만도린 채칼

샌드위치 메이커

핫 샌드위치, 토스트를 만들 수 있는 가전이에요. 빵을 올려 원하는 재료를 넣고 다른 빵을 다시 올려 꾹 누르면 가장자리가 붙어 바삭하고 따뜻한 샌드위치가 완성됩니다. 빵을 따로 구울 필요가 없어 간편하고, 포켓 형태로 완성되어 도시락 메뉴로 적절해요.
✽ 추천 제품 레꼴뜨

필러

재료의 껍질을 벗길 때나 재료를 길게 썰 때 유용합니다. 오이나 당근 등을 길고 얇게 썰어 요리에 활용해 보세요(139쪽). 양배추, 양상추 등의 절단면에 필러를 바짝 붙여 결대로 썰면 채 썰기도 가능해요(49쪽).
✽ 추천 제품 조셉조셉, 교세라

매셔

삶은 달걀, 고구마, 감자, 단호박 등을 으깨는 도구예요. 아래쪽에 재료를 넣고 비틀면 부드럽게 으깨진답니다. 포크처럼 생긴 매셔를 사용하거나 일반 포크를 사용해도 좋아요. 재료는 익힌 후 뜨거울 때 으깨주세요.
✽ 추천 제품 조셉조셉 헬릭스 포테토 라이서
✽ 구입처 콩콩도시락 스토어
(smartstore.naver.com/kongkong2_kim)

콩콩도시락을 맛있고 빠르게 만들기 위한 재료

[1] 시판 제품

너무 억압된 재료와 방식으로 다이어트를 하다보면 금방 지치기 마련이에요.
생각보다 무궁무진한 시판 다이어트 제품을 만나보세요. 바쁜 아침, 재료 손질까지 덜어주니 일석이조이지요.

  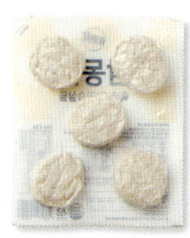   

닭가슴살

완조리 닭가슴살, 닭가슴살 소시지, 닭가슴살 볼, 닭가슴살 슬라이스햄

다이어트 대표 식품 닭가슴살. 요즘은 가열 조리한 후 진공 포장한 닭가슴살뿐만 아니라
소시지, 볼, 햄 등 다양한 제품으로 만날 수 있어요. 식감도 부드럽고 다양한 맛으로 나오며,
간도 적당히 되어 있어 일일이 닭가슴살을 삶거나 굽지 않아도 되지요.
단, 구입 시 나트륨 함량을 꼼꼼히 비교하는 것이 좋아요. 냉장, 또는 냉동 제품을 넉넉히 사서 구비해두면 편하답니다.
자연해동이나 전자레인지에서 돌린 후 사용하세요.
＊추천 제품 원더그린 닭가슴살, 원더그린 닭가슴살 볼, 아임닭 소시지,
이마트 노브랜드 닭가슴살 슬라이스햄, 굽네몰 닭가슴살 비엔나, 굽네몰 치팸

두부

구운 두부, 면두부

별도의 조리가 필요 없는 완조리 두부를 사용하면
다양한 모양과 맛의 두부 요리를 완성할 수 있지요.
닭가슴살, 견과류 등이 들어 있는 구운 두부,
쫄깃한 식감이 좋은 면발 형태의 면두부,
면적이 넓고 얇은 쌈두부 등이 있답니다.
구운 두부는 부침용 두부를 기름 없이 살짝 굽거나,
물기를 완전히 없앤 후 대체 활용해도 좋아요.
*추천 제품 라라스팜

통조림 옥수수

체에 밭쳐 물기를 꼭 제거한 후 사용하세요.
달콤한 맛이 부담스럽다면
시판 찐 옥수수를 알알이 떼서 사용해도 좋아요.

라이스페이퍼

크기가 크고 두꺼운 라이스페이퍼를
사용하는 것이 좋아요. 그래야 많은 양의 속재료를
넣어도 잘 찢어지지 않아요.
라이스페이퍼로 만든 요리를 도시락에 담을 땐
깻잎, 무쌈 등으로 한 번 더 감싸
서로 달라붙지 않도록 담으세요.
*추천 제품 베트남 장미표 라이스페이퍼

치즈

슬라이스 치즈, 슈레드 치즈, 모짜렐라 치즈

슬라이스 치즈는 나트륨 함량이 적은
유아용 치즈가 좋아요. 염도가 다양한 단계로
나뉘어져 있는데, 단계가 낮을수록 염도가 낮은 편이에요.
슈레드 치즈는 샐러드에도 바로 뿌려 먹을 수 있는
얇고 가는 제품을 추천해요. 대형 마트의 치즈 코너에
다양한 모양의 치즈가 있으니 활용해보세요.
*추천 제품 벨지오이오조 모짜렐라치즈

새우

냉동 생새우살, 자숙새우, 쉬림프링

칼로리가 낮고 영양소가 다량 함유된 대표적인 고단백 저지방
식품이에요. 식어도 맛의 변화가 거의 없어, 도시락 메뉴에 활용하기
아주 적합하지요. 껍질이 다 벗겨진 손질된 새우를 구입하세요.
냉동 생새우살은 한번 익혀서,
자숙새우나 쉬림프링은 그대로 활용할 수 있지요.
＊추천 제품 이마트 쉬림프링

떠먹는 플레인 요구르트

당 함량이 낮은 저지방 떠먹는 플레인 요구르트나
그릭 요구르트를 구입하세요.
'요거트 메이커'를 활용해 직접 만들어도 좋아요.
마시는 요구르트와 우유를 1:5의 비율로
섞은 후 유청을 걸러주면 완성됩니다.

낫토

다이어트에 빠질 수 없는 식재료 중 하나가
바로 콩이에요. 그중 발효 콩인 청국장과 낫토는
전 세계 의사들이 권장하는 식품 중
하나일 정도지요. 청국장보다는 낫토가
도시락에 더 적합해요. 함께 동봉된 소스를
첨가하면 맛은 업그레이드되고
냄새는 줄어든답니다.

통조림참치

고단백 식품인 통조림 참치.
그대로, 또는 다양한 요리로 활용이 가능하지요.
일반 참치보다는 지방 함량이 적은
마일드 제품을 추천해요.
＊추천 제품 동원 마일드 참치

단백질 스낵

입이 심심하거나, 달콤한 걸 먹고 싶을 때
단백질 스낵을 간식으로 먹어요.
특히 녹차나 시나몬이 들어간 제품은 향이 더해져 더 좋지요.
당 함량이 적은 제품으로 고르세요.
＊추천 제품 핏콩 노밀가루 단백질 큐브,
KAY'S Protein Cereal, 인테이크 맛있는 다이어트칩,
시나몬 토스트, 핀 크리스프
＊구입처 핏콩, 다신샵, 인테이크

쌈무

크기가 큰 쌈무가 많은 양의 재료를
감쌀 수 있어서 좋아요.
와사비맛, 오미자맛 등 다양한 색의 쌈무를 사용하면
도시락의 느낌이 달라진답니다.

통밀 제품

통밀 빵・또띠야・통밀 푸실리

정제된 밀가루 대신 통밀로 만든 제품을 사용하는 것이 좋아요.
주로 온라인을 통해 대량으로 구입한 후
냉동 보관한답니다. 바게트, 모닝빵, 핫도그빵, 피타빵 등
다양한 통밀 빵이 있으니 요리에 맞게 즐겨보세요.
＊추천 제품 POCO LOCO 통밀 또띠야,
닥터밀 프로 통밀 빵, 로만밀 통밀 식빵

유부피

삼각 또는 사각 유부피를 주로 활용해요.
더 건강하게 즐기고 싶다면
유부피를 끓는 물에 데쳐 사용해보세요.
기름기, 염분, 당류를 제거할 수 있어요.
삼각 유부피는 도시락에 담을 때
잘 고정이 되지 않으니 아랫부분을 손으로 눌러
안쪽으로 살짝 집어 넣은 후 사용해요.
＊구입처 인터넷 쇼핑몰, 대형 마트

[2] 시판 소스 & 양념

약간의 간이 더해진 요리라면 누구보다 맛있고, 즐겁게 다이어트를 지속할 수 있지요.
제가 주로 사용하는 시판 소스 & 양념을 소개합니다.

검은깨·통깨
요리의 마지막에 더하면 고소함과 함께 깔끔한 감칠맛도 살려줘요.

바질 페스토
바질, 올리브유 등을 더해 만든 소스예요. 파스타, 샐러드, 샌드위치에 활용해보세요. 시판 바질 페스토는 유통기한이 짧은 편이니 한 번 먹을 분량씩 냉동 보관하는 걸 추천해요. 직접 만들고 싶다면 149쪽을 참고하세요.

굴소스
중화 소스로 알고 있지만 다양한 요리에 쓸 수 있어요. 맛과 향이 강해서 하나만으로도 요리가 완성됩니다.

발사믹크림
발사믹크림은 발사믹식초보다 부드러운 단맛이 나요. 조금만 넣어도 요리를 깔끔하게 해주지요.

레몬즙
만든 후 바로 먹지 않는 도시락에 꼭 필요해요. 고기나 생선에 뿌리면 비린내가 제거되고, 사과, 아보카도, 바나나에 뿌리면 색이 변하는 것을 막아주지요. 또한 드레싱 재료로도 좋고요. 매번 생 레몬즙을 짜는 게 번거롭다면 시판 레몬즙을 구입하세요. 참, 레몬즙은 스프레이 용기에 담아 사용하면 편리해요.

스리라차 소스
다이어터에게 가장 유용한 소스 중 하나예요. 새콤달콤한 맛이 기분 좋은 자극을 주거든요. 칼로리도 낮은 편이니 더 좋지요. 월남쌈, 두부 요리에 곁들여보세요.

명란 마요네즈
명란젓과 마요네즈의 조합으로 일본에서 많이 활용하는 소스예요. 비빔밥이나 샌드위치에 넣거나, 드레싱 소스로 활용할 수 있지요. 듬뿍 바르는 건 안돼요. 톡톡 한 스푼 정도로 감칠맛을 올려주세요.

시나몬가루
단맛과 독특한 풍미가 좋아요. 요리에 넣으면 이국적인 특별한 느낌을 주지요. 단호박, 고구마, 사과, 바나나와 특히 잘 어울려요.

올리브유
다른 기름에 비해 특유의 향이 있어 많이 활용해요.
간을 많이 하지 않는 다이어트 음식이다 보니
올리브유 향이 더해지는 것만으로도 풍미가 살아나거든요.

와사비
연어, 아보카도에 특히 잘 어울려요. 적은 양으로도
매운맛과 알싸함을 줘서 자극적으로 느껴지죠.
와사비 함량이 높은 생와사비 제품으로 구입하는 것이 좋아요.

크러시드페퍼
서양 고추를 굵게 빻아 만든 향신료예요.
매콤한 맛이 당길 때 사용해보세요.
고춧가루와는 또 다른 매운맛을 내준답니다.
삶은 달걀, 닭가슴살, 새우 등에 약간만 뿌려도 좋아요.

타마고 간장
일명 달걀에 뿌려 먹는 간장 소스예요. 가쓰오부시,
다시마, 굴 등으로 육수를 내고 간장과 배합해서 만들어
일반 간장에 비해 짜지 않고 풍미가 좋지요.
주먹밥, 달걀말이에 활용하면 감칠맛이 좋아집니다.

파마산 페퍼맛 시즈닝
파마산 치즈와 흑후추로 이루어진 시즈닝 제품이에요.
감자 요리에 곁들이면 다른 양념이 필요 없을 정도로
잘 어울린답니다.

하프 마요네즈
마요네즈는 자주 활용하지 않지만, 활용한다면
칼로리가 낮은 하프 마요네즈를 사용하세요.

하프 토마토케첩
케첩 역시 마요네즈와 같이 많이 활용하진 않지만
사용한다면 칼로리가 상대적으로 낮은 하프 토마토케첩을
추천해요.

허브맛소금
여러 허브 가루와 통후추가 섞인 소금이에요. 고기,
생선의 잡내를 없앨 때, 밥에 간을 할 때 주로 사용해요.
소금과 후추를 따로 넣는 것보다 간편하고 감칠맛이 더 좋아요.

홀그레인 머스터드
겨자씨가 그대로 살아 있는 머스터드예요. 단맛이 적고
새콤한 맛이 강하지요. 샐러드, 스테이크, 샌드위치의 소스로
잘 어울려요.

[3] 뿌리링

콩콩도시락의 마지막을 장식하는 데커레이션! 거의 재료를 뿌리는 경우가 많다 보니 '뿌리링'이라고 부르지요.
뿌리링은 요리와의 색뿐만 아니라 맛 궁합까지 보고 결정하는데요, 색깔별로 사용할 수 있도록 소개할게요.

[검은색 뿌리링]

카카오닙스

다크 초콜릿의 주원료인 카카오 열매의
씨앗을 발효, 건조한 것이에요.
떫은맛과 바삭한 식감이 특징이랍니다.
＊**구입처** 대형 마트, 인터넷 쇼핑몰

치아시드

슈퍼곡물의 한 종류예요. 치아시드는
액체류에 더하면 겔(gel) 상태가 되면서
푸딩처럼 즐길 수도 있지요.
＊**구입처** 대형 마트, 인터넷 쇼핑몰

검은깨

고소한 맛이 좋은 검은깨.
그대로 뿌려도 좋고,
살짝 갈아서 더해도 좋아요.
＊**구입처** 대형 마트

[흰색 뿌리링]

코코넛칩 & 코코넛 슬라이스

코코넛을 말린 후 납작하고 긴 모양으로
만든 코코넛칩과 입자를 곱게 간 형태의
코코넛 슬라이스. 당 함량이 적은 것으로
구입하는 것이 좋아요. 베이킹에
주로 사용하고 스무디, 과일, 채소에
토핑으로 활용하세요.
＊**추천 제품** 베트남 건조코코넛 슬라이스
＊**구입처** 대형 마트, 인터넷 쇼핑몰

햄프시드

슈퍼곡물의 한 종류예요. 치아시드와
마찬가지로 별다른 전처리 없이 그대로
활용하면 됩니다. 고소하고 부드러운
식감이라서 뿌리링에 활용하기 좋지요.
＊**구입처** 대형 마트, 인터넷 쇼핑몰

떠먹는 플레인 요구르트

다른 뿌리링과 달리 걸쭉한 농도를 가졌어요.
수로 스푼니 상식봉으로 많이 활용아시요.
그릭 요구르트는 떠먹는 플레인 요구르트에
비해 질감이 좀 더 단단하답니다.
＊**구입처** 대형 마트

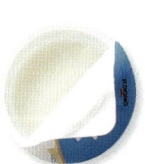

[초록색 뿌리링]

말린 허브가루

바질, 파슬리 등 각종 허브를 말려 가루로 만든 제품이에요. 생 허브를 직접 다진 것보다는 향이 옅지만 가격, 보관의 측면에서 따지자면 가성비가 더 좋지요.
*구입처 대형 마트, 베이킹숍, 인터넷 쇼핑몰

로즈메리 & 애플민트

로즈메리는 허브 중에서도 향이 특히 진한 편이에요. 로즈메리의 향은 스트레스, 불안 해소에 도움을 준다고 하니 다이어트에 꼭 필요한 재료이지요.

애플민트 역시 시원한 향이 좋고 동그란 모양이 예쁘답니다. 과일이나 채소에 특히 잘 어울려요.

*구입처 대형 마트, 꽃집, 재배(화분에 담긴 상태로 구매하면 돼요. 단, 화분의 크기가 너무 작으면 쉽게 시들 수 있으니 분갈이를 해주세요)

[빨간색 뿌리링]

크러시드페퍼

서양고추를 굵게 빻아 만든 향신료예요. 일반 고춧가루와 다른 매운맛을 가졌지요. 입자도 큰 편이라서 뿌렸을 때 요리가 더 먹음직스럽답니다.
*구입처 대형 마트, 인터넷 쇼핑몰

빨강 파프리카

파프리카를 잘게 다지면 돼요. 다졌을 때 수분이 너무 많으면 키친타월로 감싸 물기를 한번 없애도 좋습니다. 다른 색깔의 파프리카를 사용하면 또 다른 뿌리링이 되지요.

콩콩도시락을 더 알차게 만들기 위한 조리 정보

[1] 많이 쓰는 재료 익히기

익히는데 시간이 걸리는 재료들이에요. 전날 저녁이나 주말에 미리 익혀두면
아침에 더 빠르고, 편하게 도시락을 쌀 수 있지요. 그대로 간식으로 활용해도 좋고요.

고구마

삶아 한 김 식힌 후 한 번 먹을 분량씩 냉동
보관(3개월)해요. 자연해동하거나 전자레인지를
활용하세요. 단, 전자레인지에서 해동할 때
1분 이상 돌리면 모양이 뭉개져 예쁘게 썰기
어려울 수 있으니 주의해요.

[익히기]
1_ 끓어오른 찜기에 고구마를 넣고 뚜껑을 덮는다.
2_ 젓가락으로 찔렀을 때 부드럽게 들어갈 때까지
   중간 불에서 30~40분간 찐다.
   * 고구마 크기, 불 세기에 따라 익히는 시간을
   조절하세요.

단호박

찐 후 한 김 식혀 한 번 먹을 분량씩
냉동 보관(3개월)하세요. 전자레인지나
자연해동한 후 도시락에 담으면 됩니다.

[익히기]
1_ 베이킹소다로 껍질을 깨끗이 씻는다.
2_ 전자레인지에 1분간 돌린다.
   2등분한 후 씨를 제거한다.
   * 전자레인지에 살짝 돌리면 썰기 쉬워요.
3_ 끓어오른 찜기에 단호박을 넣고 뚜껑을 덮어
   젓가락으로 찔렀을 때 부드럽게 들어갈 때까지
   10~15분간 찐다. * 단호박 크기, 불 세기에
   따라 익히는 시간을 조절하세요.
   완전히 식힌 후 썰어야 뭉개지지 않아요.

달걀

유통기한보다는 산란일을 확인, 가장 최근에
산란된 달걀을 구입하세요. 신선한 달걀일수록
노른자의 경계가 뚜렷하고 색깔이 선명해요.
삶은 달걀은 껍질째 냉장 보관(7일)하세요.

[익히기]
1_ 냄비에 달걀이 잠길 만큼의 물
   + 소금(1/2큰술) + 식초(1큰술)를 넣어 끓인다.
2_ 끓어오르면 달걀을 넣어 중간 불에서
   반숙 7분, 완숙 12분간 삶는다.
3_ 찬물에 바로 담가 식힌 후 껍질을 깐다.
   * 흐르는 물에서 껍질을 벗기면 더 잘 벗겨져요.

병아리콩

단백질 함량이 높은 편이라 다이어트 식품으로 각광받고 있어요. 삶은 병아리콩은 밀폐 용기에 담아 냉장(2~3일), 지퍼백에 담아 냉동 보관(3개월)하세요. 자연해동한 후 먹으면 돼요. 통조림 제품을 사용해도 좋아요.

[삶기] 삶기 전 1컵(80g) 기준
1_ 볼에 병아리콩, 2~3배의 물을 담고 랩을 씌워 냉장실에서 6시간 이상 불린다.
2_ 냄비에 불린 병아리콩 + 물(6컵) + 소금(1/2큰술)을 넣고 중간 불에서 30분간 삶는다.
3_ 체에 밭쳐 한 김 식힌다.

퀴노아

식이섬유, 단백질 함량이 높고, 칼로리가 낮아서 다이어트 재료로 많이 활용해요. 밥을 지을 때 쌀과 함께 섞거나 삶은 후 소분하여 냉동한 후 샐러드에 곁들여 보세요. 밀폐 용기에 담아 냉장 보관(3일), 지퍼백에 담아 냉동 보관(3개월)해요.

[삶기] 삶기 전 1컵(120g) 기준
1_ 냄비에 퀴노아, 물 2컵을 넣는다. 센 불에서 끓어오르면 중간 불로 줄여 15분간 삶는다.
2_ 체에 밭쳐 한 김 식힌다.

현미밥

갓 지은 현미밥은 한 번 먹을 분량씩 지퍼백에 담아 냉동하면 편하지요. 전자레인지로 해동하면 맛있게 먹을 수 있답니다. 현미의 식감이 입에 맞지 않다면 찰현미로 대체해도 좋아요. 즉석밥으로 대체할 경우 너무 고슬고슬해서 모양을 만들기 힘들 수 있으므로 뜨거운 물을 조금씩 더해서 살살 섞은 후 사용하세요.

[찰진 현미밥 만들기]
1_ 현미와 찰현미를 1:2(또는 1:3)의 비율로 섞어 6시간 이상 불린다.
2_ 현미 + 찰현미 양의 1.2배 정도의 물을 붓고 압력밥솥 현미 코스(40분)로 밥을 짓는다.

[2] 과일 예쁘게 썰기

그대로 담아도 예쁜 과일. 어떻게 담고, 써느냐에 따라 도시락이 더 풍성해져요.
콩콩도시락을 더 빛나게 할 과일 써는 법을 소개합니다.

귤

방법 1 그대로 담는다.

방법 2 윗부분을 1cm 정도 도려낸다.

방법 3 4등분한다.

방법 4 껍질을 벗긴 후 알맹이만 담는다.

딸기

방법 1 꼭지를 떼지 않고 그대로 담는다.

방법 2 꼭지를 뗀 후 가로로 썬다.

방법 3 꼭지를 떼지 않고 세로로 썬다. 꼭지가 잘리지 않도록 주의한다.

방법 4 꼭지 부분에 V자로 칼집을 낸 후 세로로 썬다.

방울토마토 & 청포도

방법 1 그대로 담는다.

방법 2 세로로 2등분한다.

방법 3 가로로 2등분한다.

방법 4 가로로 2등분한다. 아래를 조금 도려내 평평하게 만든다.

오렌지 & 자몽

방법 1 가로로 2등분한다.

방법 2 2등분한 후 양 끝을 없애고 다시 3~4등분한다.

방법 3 양 끝을 없앤 후 4~6등분한다.

방법 4 양 끝을 없앤 후 껍질을 도려내듯 벗긴다. 속껍질 옆에 칼을 넣어 과육을 발라낸다(147쪽).

키위

방법 1 껍질을 벗긴 후 가로 또는 세로로 동그랗게 썬다.

방법 2 방법 1을 진행한 후 사방에 칼집을 넣는다.

방법 3 양 끝을 제거한 후 껍질을 벗겨 4~6등분한다.

방법 4 작은 칼로 키위 가운데를 빙 둘러가며 V자로 칼집을 넣은 후 살짝 비틀어 2등분한다.

콩콩도시락이 더 맛있어지는 계량

계량컵 · 계량스푼

1작은술 = 5㎖
1큰술 = 15㎖
1컵 = 200㎖

tip 계량도구 대신 밥숟가락, 종이컵으로 계량하기

1큰술(15㎖) = 3작은술 = 밥숟가락 약 1과 1/2
1작은술(5㎖) = 밥숟가락 약 1/2
1컵(200㎖) = 종이컵 1컵

∗ 밥숟가락은 집집마다 크기가 달라 맛에 오차가 생기기 쉬우니 가급적 계량도구를 사용하는 것을 추천해요.

간장, 올리브유 등의 액체, 기름 재료

계량컵 평평한 곳에 올린 후 가장자리가 넘치지 않을 정도로 담는다.
계량스푼 가장자리가 넘치지 않을 정도로 담는다.

허브맛소금, 크러시드페퍼 등의 가루 재료

계량컵 평평한 곳에 올린 후 가장자리가 넘치지 않을 정도로 담는다.
계량스푼 가장자리가 넘치지 않을 정도로 담는다.

마요네즈, 케첩 등의 되직한 재료

계량컵 & 계량스푼 재료를 바닥에 쳐 가며 가득 담은 후 윗부분을 평평하게 깎는다.
∗ 동일한 1컵이라도 밀가루는 가볍고 고추장은 무겁다. 따라서 부피와 무게를 동일하게 계산해서는 안 된다.

통깨, 견과류 등의 알갱이 재료

계량컵 & 계량스푼 계량컵 & 계량스푼 재료를 꾹꾹 눌러 가득 담은 후 윗부분을 깎는다.

불 세기 알아보기

불꽃과 냄비의 간격이 중요해요!

가스레인지의 불꽃과 냄비(팬) 바닥 사이의 간격으로 불 세기를 조절하자. 집집마다 화력이 다르므로 잘 확인할 것

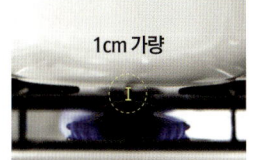

1cm 가량

약한 불

불꽃과 냄비 바닥 사이에 1cm 정도의 틈이 있는 정도

0.5cm 가량

중간 불

불꽃과 냄비 바닥 사이에 0.5cm 정도의 틈이 있는 정도

센 불

불꽃이 냄비 바닥까지 충분히 닿는 정도

손대중 · 눈대중량 계량법

소금 약간 (한 꼬집)

어린잎 채소 1줌 (20g)

양배추 1장 (손바닥 크기, 30g)

양상추 1장 (손바닥 크기, 15g)

깻잎 1장 (손바닥 크기 1장, 2g)

케일 1장 (쥬스용, 10g)

브로콜리 1개 (300g)

병아리콩 1컵 (삶기 전, 80g)

"동글동글! 귀욤귀욤! 콩콩도시락의 핵심, 주먹밥 & 유부초밥을 소개합니다.
주먹밥은 뭉치기만 하면 되니깐 손쉽게 만들 수 있고,
더하는 재료에 따라 다양하고 새로운 모양을 얼마든지 만들 수 있지요.
저는 현미밥을 사용해 좀 더 건강하고 가볍게 즐기는 편이에요.
25쪽에 현미밥 만드는 법도 담았으니 놓치지 마세요!"

PART 1

주먹밥 & 유부초밥

게맛살 날치알 김주먹밥 도시락

미니 바나나
사과 샐러드
귤과 로즈메리

미니 바나나 2개

게맛살 날치알 김주먹밥

예쁘게 만든 주먹밥을 김으로 꽁꽁 감싸버린 것이 저만 아쉬운가요? 까만 김주먹밥을 먹음직스럽게 담는 방법은 바로 '칼집내기'! 가운데에 칼집을 넣어 마치 입을 벌린 것처럼 만든 다음 게맛살이나 치즈, 소시지 등 원하는 재료를 올려보세요.

{ 재료 }

- 따뜻한 현미밥 1공기(200g)
- 게맛살 2개(짧은 것, 40g)
- 냉동 날치알 1/2큰술
- 오이 1/4개(50g)
- 익은 배추김치 1/3컵(50g)
- 김밥 김 4장
- 레몬즙 약간
- 소금 약간

귤과 로즈메리

- 귤 1/2개
  *귤 예쁘게 썰기 26쪽
- 로즈메리 약간

사과 샐러드

- 사과 1/4개
- 어린잎 채소 1줌

1
날치알, 레몬즙을 섞은 후 체에 밭쳐 물기를 뺀다.
* 날치알에 레몬즙을 뿌리면 비린내를 줄일 수 있어요.

2
김치는 양념을 털어내고 물기를 꼭 짠다. 김치, 오이를 한입 크기로 썬 다음 차퍼에 넣고 잘게 다진다. * 김치는 줄기 부분을 사용하는 것이 좋아요.

3
볼에 ①, ②, 현미밥을 섞은 후 소금으로 부족한 간을 더한다.

4
김의 사방을 삼각형 모양으로 자른다.

5
김을 바닥에 깔고 ③의 밥 1/4분량을 동그랗게 만들어 가운데에 올려 감싼다.

6
주먹밥의 가운데 부분에 칼집을 깊게 넣어 벌린다. * 김의 이음매 반대쪽에 칼집을 넣으세요.

7
게맛살을 모양틀로 찍은 후 칼집 사이에 올린다.

콩콩 tip

게맛살 대체하기
슬라이스 치즈, 소시지 등으로 장식해도 좋아요.

바나나에 메시지 적기
바나나 껍질에 이쑤시개로 원하는 문구를 짧게 써보세요. 3~4시간 정도 지나 도시락을 먹을 때쯤이면 갈변현상으로 인해 적어둔 글자가 딱 보입니다. 사랑해, 응원해, 무엇이든 좋아요!

바나나에 메시지 적기 영상으로 만나기

낫토 오이 군함말이 도시락

파프리카 샐러드
리코타 치즈 샐러드
샐러드 드레싱

파프리카 샐러드
- 파프리카 1/4개
- 어린잎 채소 1줌

낫토 오이 군함말이

다이어트 도시락 버전의 군함말이예요. 낫토는 선뜻 시도하기 어려운 재료이지만 오이의 상큼하고 시원한 맛과 꽤 잘 어울린답니다. 한입에 쏘옥 넣어 즐겨보세요.

{ 재료 }
- 따뜻한 현미밥 1공기(200g)
- 낫토 1팩(50g)
- 오이 1/3개(60g)
- 김밥 김 1과 1/2장
- 명란 마요네즈 약간
  (또는 하프 마요네즈)

샐러드 드레싱
- 시판 드레싱 1~2큰술
  (유자, 레몬 등)

리코타 치즈 샐러드
- 어린잎 채소 1줌
- 리코타 치즈 2큰술
- 아몬드 1알

1

김을 4~5cm 두께로 길게 8장을 자른다.

2

오이는 사방 0.5cm 크기로 썬다.

3

낫토는 동봉된 간장 소스와 충분히 섞는다.

4

주먹밥틀에 현미밥을 1/8분량씩 넣어 타원형 모양을 만든다.

* 주먹밥틀이 없다면 손으로 모양을 만들어도 좋아요.

5

김이 밥보다 1cm 정도 더 올라오도록 두른다. 김의 이음매 부분에 물을 약간 묻혀 붙인다. * 김이 밥보다 더 올라오도록 둘러야 과정 ⑥에서 재료를 올리기 쉬워요.

6

밥에 명란 마요네즈 약간씩을 올린 후 오이, 낫토를 나눠 담는다.

7

도시락에 담는다.

메추리알모자 두부 유부초밥 도시락

청포도 요거트
방울토마토와 코코넛 슬라이스
고구마 말랭이

청포도 요거트
- 떠먹는 플레인 요구르트 1통(85g)
- 청포도 4알
- 치아시드 약간

메추리알모자 두부 유부초밥

유부초밥에 밥 대신 닭가슴살과 두부를 가득 넣어 단백질을 듬뿍 섭취할 수 있도록 만들었어요. 귀여운 메추리알모자가 포인트랍니다.

{ 재료 }
- 시판 완조리 닭가슴살 1/2팩(50g)
- 시판 구운 두부 1/2모(75g)
- 시판 유부초밥 1팩(8개입)
- 메추리알 8개
- 올리브유 약간
- 애플민트 약간

고구마 말랭이 1줌

방울토마토와 코코넛 슬라이스
- 방울토마토 6개
- 코코넛 슬라이스 약간

1
닭가슴살, 구운 두부는 한입 크기로
썬 후 차퍼에 넣어 잘게 다진다.
* 칼로 잘게 다져도 좋아요.

2
볼에 ①, 동봉된 유부 후레이크를 넣어
섞는다.

3
유부피는 물기를 꼭 짠다.
②를 유부피에 나눠 넣고 꾹꾹 눌러 담는다.

4
메추리알을 볼에 담는다.
* 팬에 바로 메추리알을 넣으면 껍질이
들어가기 쉽고 익는 속도가 다르게 되므로
볼에 담아 숟가락으로 떠서 넣으세요.
노른자가 터지지 않도록 조심하세요.

5
달군 팬에 올리브유를 두른다.
숟가락으로 메추리알을 하나씩 올려
약한 불에서 1~2분간 굽는다.
* 메추리알을 올린 후 노른자가 가운데
오도록 숟가락으로 밀어도 좋아요.

6
도시락에 유부초밥을 담고
메추리알 프라이를 올린다.

7
애플민트를 올린다.

콩콩tip
시판 구운 두부 대체하기
구워져 나온 시판 구운 두부예요.
라라스팜에서 구입 가능하지요.
구운 두부 대신 동량(75g)의 부침용 두부를
사용해도 돼요. 물기를 꼭 짠 후
과정 ①부터 진행합니다.
물기를 완전히 없애는 것이 중요해요.

병아리콩 유부초밥 도시락

파인애플과 블루베리
멜론과 블루베리
오이와 로즈메리

파인애플과 블루베리
- 파인애플 링 1개
- 블루베리 5알

병아리콩 유부초밥
병아리의 머리처럼 생겨서 병아리콩이라고 불리는 슈퍼곡물이에요. 크기는 작아도 칼슘과 식이섬유가 풍부합니다. 유부초밥의 재료로 활용하면 고소한 맛이 2배가 돼요.

{ 재료 }
- 따뜻한 현미밥 2/3공기(130g)
- 삶은 병아리콩 1컵(180g, 삶기 전 80g)
  ✽ 병아리콩 삶기 25쪽
- 시판 유부초밥 1팩(8개입)
- 슬라이스 치즈 1장

오이와 로즈메리
- 오이 1/4개
- 로즈메리 약간

멜론과 블루베리
- 멜론 1컵
- 블루베리 5알

1
볼에 현미밥, 동봉된 유부 후레이크,
동봉된 유부초밥 양념 1/2분량,
삶은 병아리콩을 섞는다.
＊양념은 1/2분량을 먼저 섞은 후
취향에 따라 간을 조절하세요.

2
유부피는 물기를 꼭 짠다.
①을 유부피에 나눠 넣고 꾹꾹 눌러 담는다.

3
슬라이스 치즈는 모양틀로 찍는다.

4
도시락에 ②의 유부초밥을 담고
③의 치즈를 올린다.

콩콩 tip
유부초밥 토핑 다양하게 즐기기
유부초밥에 어떤 재료를 올리냐에
따라 도시락의 느낌이 달라져요.
흰색 슬라이스 치즈 대신
노란색 체다 치즈를 올리거나
게맛살, 슬라이스 햄 등을 사용해도 좋아요.

브로콜리 새우주먹밥 도시락

딸기
바나나와 카카오닙스
청포도

딸기 8개
* 딸기 예쁘게 썰기 26쪽

브로콜리 새우주먹밥

밥에 색을 내는 것만으로도
생동감이 느껴져요. 데친 브로콜리를
치즈 그레이터로 갈면 간편하게
컬러 주먹밥 만들기 끝.
브로콜리를 싫어하는 남편도
이렇게 숨겨서 담으면 잘 먹는답니다.

{ 재료 }
- 따뜻한 현미밥 1공기(200g)
- 브로콜리 1개(300g)
- 생새우살 5마리(킹 사이즈, 75g)
- 레몬 슬라이스 5개
- 소금 약간
- 올리브유 약간

청포도 4알

바나나와 카카오닙스
- 바나나 1/2개
- 카카오닙스 1큰술

주먹밥 & 유부초밥

1
끓는 물(3컵)+소금(약간)에 브로콜리를 넣어 30~40초간 데친다.
＊브로콜리 송이 부분이 충분히 잠기도록 뒤집어가며 데치세요.

2
데친 브로콜리는 키친타월로 감싸 물기를 완전히 없앤다. 치즈 그레이터로 송이 부분을 잘게 간다.

3
②의 볼에 현미밥, 소금을 넣어 섞는다.

4
달군 팬에 올리브유, 생새우살을 넣어 중간 불에서 3분간 뒤집어가며 노릇노릇하게 굽는다.

5
랩을 펼친다. 새우 1개를 가운데에 올린다. ③의 밥 1/5분량을 동그랗게 만들어 새우에 올린다.

6
랩을 힘주어 당겨가며 감싸 동그랗게 만든다. 같은 방법으로 4개 더 만든다.

7
주먹밥의 랩을 벗긴다. 새우가 위를 향하도록 도시락에 담고 레몬 슬라이스를 꽂는다.

콩콩 tip
남은 브로콜리 줄기 활용하기
줄기는 스파이럴라이저(13쪽)를 활용해 브로콜리 면을 만들어보세요. 살짝 데쳐 파스타, 볶음면 등으로 활용하면 좋답니다.

새우 카레주먹밥 도시락

키위와 블루베리
방울토마토와 코코넛칩
단백질 스낵

새우 카레주먹밥

맛과 색깔을 동시에 업그레이드해주는 마법의 카레가루를 넣었어요. 노란 삼각주먹밥에 빨간 새우 꼬리가 삐죽~ 나온 모양이 꽤 귀엽죠? 이렇게 만들면 예쁜 모양도 되지만, 속재료가 무엇인지도 알 수 있어 일석이조랍니다.

{ 재료 }
- 따뜻한 현미밥 1공기(200g)
- 시판 완조리 닭가슴살 1/2팩(50g)
- 노랑 파프리카 1/4개(50g)
- 생새우살 5마리(킹 사이즈, 75g)
- 김밥 김 1장
- 카레가루 2큰술
- 소금 약간

키위와 블루베리
- 키위 1개
  * 키위 예쁘게 썰기 27쪽
- 블루베리 5알

단백질 스낵 1/2봉
* 단백질 스낵 만나기 19쪽

방울토마토와 코코넛칩
- 방울토마토 5개
- 코코넛칩 부순 것 약간

1
김은 3cm 두께로 길게 5장을 자른다.
냄비에 생새우살 데칠 물(2컵)을 끓인다.

2
닭가슴살, 파프리카는 한입 크기로 썬 후 차퍼에 넣고 잘게 다진다.
＊칼로 잘게 다져도 좋아요.

3
볼에 ②, 현미밥, 카레가루, 소금을 넣어 섞는다.

4
①의 끓는 물(2컵)에 생새우살을 넣고 2분간 데친다.

5
주먹밥틀에 새우 1개를 넣고 ③의 밥 1/5분량을 꾹꾹 눌러 담는다.
이때, 새우 꼬리가 위로 빠져 나오도록 한다.
＊틀이 없다면 손으로 꾹꾹 뭉쳐도 좋아요.

6
①의 김으로 주먹밥 아랫부분을 감싼다.
같은 방법으로 4개 더 만든다.

7
새우 꼬리가 위를 향하도록 도시락에 담는다.

쇠고기 유부볼 도시락

방울토마토
키위와 병아리콩
삶은 달걀흰자와 크러시드페퍼

쇠고기 유부볼

유부초밥보다 조금 더 특별한 유부볼을 만들어보세요. 어디를 베어 물어도 감칠맛 가득한 유부피가 느껴져서 더 좋지요. 토핑을 다양하게 하면 또 색다르답니다.

{ 재료 }
- 따뜻한 현미밥 1공기(200g)
- 다진 쇠고기 100g
- 파프리카 1/4개(50g)
- 시판 사각 유부피 6장
- 삶은 달걀노른자 1개
  * 달걀 삶기 24쪽
- 타마고 간장 1/2작은술
  (또는 양조간장)
- 검은깨 약간
- 허브맛소금 약간
- 올리브유 약간

방울토마토 7개

삶은 달걀흰자와 크러시드페퍼
- 삶은 달걀흰자 1개
  * 달걀 삶기 24쪽
- 크러시드페퍼 약간

키위와 병아리콩
- 키위 1개
  * 키위 예쁘게 썰기 27쪽
- 삶은 병아리콩 1/2컵
  * 병아리콩 삶기 25쪽

1
볼에 다진 쇠고기, 타마고 간장, 허브맛소금을 섞는다.
* 다진 쇠고기는 키친타월로 감싸 핏물은 먼저 제거해도 좋아요.

2
파프리카는 한입 크기로 썬 후 차퍼에 넣어 잘게 다진다.
* 칼로 잘게 다져도 좋아요.

3
달군 팬에 올리브유, 쇠고기를 넣고 중간 불에서 3분, 파프리카를 넣고 2분간 볶는다.

4
볼에 현미밥, ③을 넣어 섞는다.

콩콩tip 장식 대체하기
검은깨, 달걀노른자 대신 통깨, 데친 브로콜리 다진 것(41쪽)으로 대체해도 좋아요.

5
유부피의 양쪽 가장자리를 가위로 잘라 직사각형으로 펼친다.

6
랩을 펼치고 유부피 1장을 올린다.
④의 1/6분량을 넣고 랩을 힘주어 당겨가며 감싸 동그랗게 만든다.
같은 방법으로 5개 더 만든다.

7
삶은 달걀노른자는 숟가락으로 눌러가며 체에 내린다.

8
도시락에 ⑥의 유부볼을 담고 삶은 달걀노른자, 검은깨를 나눠 올린다.

쌈무꽃 주먹밥 도시락

훈제오리 슬라이스
부추

훈제오리 슬라이스
- 훈제오리 슬라이스 200g
- 통깨 약간

쌈무꽃 주먹밥
쌈무를 반달 모양으로 자른 다음 밥을 넣어 꽃처럼 감싸볼까요? 여기에 훈제오리와 부추를 곁들이면 간편한 쌈 도시락이 완성돼요.

{ 재료 }
- 따뜻한 현미밥 1공기(200g)
- 쌈무 20장
- 검은깨 약간
- 어린잎 채소 1줌
- 방울토마토 1개

부추
- 부추 1/2줌
- 통깨 약간

1
쌈무는 물기를 꼭 짠 다음 2등분한다.

2
자른 쌈무 6장을 3cm 간격씩 겹쳐 길게 펼친다.

3
쌈무 끝부분에 현미밥 1/6분량을 동그랗게 만들어 올린다.

콩콩tip 쌈무 사용하기
와사비 맛, 오미자 맛 등 다양한 색의 쌈무를 사용하면 도시락의 느낌이 달라져요.

4
쌈무를 돌돌 만다.
같은 방법으로 5개 더 만든다.

5
쌈무 윗부분을 바깥쪽으로 살짝 펼쳐 꽃 모양을 만든다.

6
도시락에 둘러 담은 후 검은깨를 뿌린다.
가운데에 어린잎 채소, 방울토마토를 담는다.

1
훈제오리 슬라이스
내열용기에 키친타월을 깔고
훈제오리를 올린 후 전자레인지에서
2~3분간 익힌다. 나란히 담고 통깨를 뿌린다.

1
부추
나란히 정리한 후
한입 크기로 썬 다음 통깨를 뿌린다.

양배추 치즈볼 도시락

토마토와 용과
현미볼
매콤 소스

토마토와 용과
- 토마토 1/2개
- 용과 1/4개

양배추 치즈볼

노란 빛깔이 먹음직스러운 주먹밥이에요.
얇게 채 썬 양배추는 살짝만 익혀
식감을 살렸고, 치즈와 매콤 소스를 더해
맛도 다양하게 했답니다.

{ 재료 }
- 양배추 1/4개
- 시판 구운 두부 1모(150g)
- 시판 완조리 닭가슴살 1/2팩(50g)
- 슈레드 치즈 1봉(100g)
- 로즈메리 약간

매콤 소스
- 스리라차 소스 2큰술
- 꿀 1/2큰술
- 올리브유 1큰술
- 햄프시드 약간

현미볼 2~3개

*구입처 다신샵

1
양배추는 필러로 가늘게 채 썬다.
* 채칼이나 칼로 가늘게 채 썰어도 좋아요.

2
양배추를 위생팩에 넣어 묶은 후 포크로 구멍을 뚫고 전자레인지에서 1분 30초간 익힌다.
* 양배추는 김이 오른 찜기에 넣어 중간 불에서 3~4분간 쪄도 좋아요.

3
익힌 양배추는 펼쳐 한 김 식힌다. 완전히 식으면 슈레드 치즈를 넣고 섞는다.

4
구운 두부, 닭가슴살은 한입 크기로 썬 후 차퍼에 넣고 잘게 다진다.
* 칼로 잘게 다져도 좋아요.

5
④를 5등분해 동그랗게 만든다.
③을 꾹꾹 눌러 겉에 묻힌다.
* 손으로 꾹꾹 눌러가며 묻혀야 재료가 흩어지지 않아요.

6
매콤 소스를 섞은 후 주먹밥에 약간씩 찍어 올린다.
* 젓가락으로 소스를 찍어 올리면 편해요.

7
도시락에 주먹밥을 담은 후 로즈메리를 꽂는다.

콩콩 tip

슈레드 치즈 사용하기
대형마트에서 구입할 수 있어요. 하얀색 모짜렐라 치즈와 노란색 체다 치즈가 섞여 있는데, 덕분에 색과 모양을 내기 편하지요. 샐러드, 볶음밥, 샌드위치에 토핑으로 활용해보세요.

시판 구운 두부 대체하기
구워져 나온 시판 구운 두부예요. 라라스팜에서 구입 가능하지요. 구운 두부 대신 동양(150g)의 부침용 두부를 사용해도 돼요. 물기를 꼭 짠 후 사용하세요.

참치 아보카도주먹밥 도시락

방울토마토와 로즈메리
수박과 블루베리
티백

방울토마토와 로즈메리
- 방울토마토 6개
- 로즈메리 약간

참치 아보카도주먹밥

고소한 두부와 담백한 참치의 맛이 조화로운 주먹밥이에요. 살짝 느끼할 수 있어서 티백을 함께 넣었답니다. 식사 후 차 한 잔이면 입안이 개운해질 거예요.

{ 재료 }
- 따뜻한 현미밥 1공기(200g)
- 아보카도 1개
- 시판 구운 두부 1/2모(75g)
- 통조림 참치 1캔(마일드, 100g)
- 타마고 간장 1큰술
  (또는 양조간장)
- 식초 1/2큰술
- 와사비 약간
- 레몬즙 약간

티백 1개

수박과 블루베리
- 수박 1컵
- 블루베리 5~6알

1
구운 두부는 한입 크기로 썬 후
차퍼에 넣고 잘게 다진다.
＊칼로 잘게 다져도 좋아요.

2
참치는 체에 밭쳐 기름기를 뺀다.

3
볼에 현미밥, 구운 두부, 참치, 타마고 간장,
식초를 넣어 섞는다.

4
아보카도는 칼이 씨에 닿도록
깊숙이 꽂은 후 360° 빙 돌려가며
칼집을 낸다.

5
비틀어 두 쪽으로 나눈 후
씨에 칼날을 꽂아 비틀어 뺀다.

6
껍질을 벗겨 세로로 길게
0.5cm 두께로 썬다.
＊아보카도 껍질은 손으로 벗기거나,
숟가락으로 과육을 떠서 분리해도 돼요.

콩콩 tip

시판 구운 두부 대체하기
구워져 나온 시판 구운 두부예요.
라라스팜에서 구입 가능하지요.
구운 두부 대신 동량(75g)의 부침용 두부를
사용해요. 물기를 꼭 짠 후 사용하세요.

7
랩을 펼친다. 아보카도 1/5분량을 가운데에 올린 후 부채꼴 모양으로 펼친다.

8
아보카도에 와사비 → ③의 밥 1/5분량을 동그랗게 만들어 올린다.

9
랩을 힘주어 당겨가며 감싸 동그랗게 만든다. 같은 방법으로 4개 더 만든다.

10
주먹밥의 랩을 벗긴 후 도시락에 담는다. 아보카도에 레몬즙을 뿌린다.
＊ 레몬즙은 아보카도의 색이 변하는 것을 막아줘요. 레몬즙을 스프레이 용기에 담아 사용하면 더 편하고, 골고루 뿌릴 수 있지요. 스프레이 용기는 천원숍, 대형 마트에서 구입하세요.

콩콩 tip
아보카도 고르고, 숙성 시키기

덜 익은 상태의 초록색 아보카도를 구입, 쌀통에 넣어서 직접 후숙시키는 것이 좋아요. 쌀통 깊숙이 넣어두면 사진과 같이 갈색을 띠는 초록색이 되면서 말랑해지는데요, 이때, 냉장실로 옮겨두면 그대로 2~3일 정도 숙성된 상태를 유지할 수 있답니다.

덜 익은 것 → 잘 익은 것 → 많이 익은 것

#콩콩도시락
콩콩이가 답한다!

다이어트를 하고 싶지만
늘 시간에 쫓겨 사는
워킹맘이라 제약이 많네요.
그중 제일 어려운 건 장보기!
좋은 노하우 없나요?

#장보기

#전문가

#단골집

저도 워킹맘이라서 그 마음을 잘 알지요. 평일에는 시간이 없고,
주말에 가면 며칠 치 장을 한꺼번에 보느라 돈은 돈대로 쓰고.
이런 고민을 하고 있는 분들을 위해 저의 노하우를 알려드릴게요.

1_ 신선 재료는 마트에서, 다이어트 식품은 온라인 쇼핑몰에서 구입해요
채소, 과일, 해산물 등의 신선 재료는 마트에서 주로 구입해요.
신선 재료는 구입 후 1~2일 이내에 먹는 것이 좋지요.
시판 완조리 닭가슴살, 단백질 스낵, 소스 등은 온라인 쇼핑몰에서 구입해요.
온라인 쇼핑몰에서 사면 다양한 제품을 비교할 수 있고, 신제품도 더 쉽게 만날 수 있지요.
저는 주로 다신샵, 핏콩, 다노샵, 굽네몰, 마켓컬리 등을 이용합니다.

2_ 온라인 쇼핑몰은 1~2주에 한 번씩 대량으로 주문해요
온라인 쇼핑몰에서 제품을 살 땐 한두 개보다는 많은 양을 배송시켜 비용을 절약해보세요.
두고두고 먹어야 하니 보관법을 미리 확인하는 것이 중요해요.

3_ 대형 마트는 평일 저녁 시간에 이용해요
주말 보다는 퇴근 후 평일 저녁이 좋아요. 사람이 적어 편하게 쇼핑할 수 있고,
할인하는 제품도 만날 수 있거든요.

참치 오이초밥 도시락

자몽과 로즈메리
삶은 고구마
에너지바

자몽과 로즈메리
- 자몽 1/2개
  *자몽 예쁘게 썰기 147쪽
- 로즈메리 약간

참치 오이초밥

오이는 칼로리가 낮고, 수분 함량이 높아 다이어트에 참 좋아요. 사계절 내내 만날 수 있다는 장점도 있고요. 오이를 필러로 얇고 길게 썰어 주먹밥을 감쌌어요. 참치의 고소함과 오이의 상큼함, 와사비의 알싸함이 동시에 느껴질 거예요.

{ 재료 }
- 따뜻한 현미밥 1공기(200g)
- 통조림 참치 1/2캔(마일드, 50g)
- 오이 1개(200g)
- 김밥 김 1/2장
- 와사비 약간
- 볶은 퀴노아 약간

에너지바 1개

삶은 고구마 1/2개
*고구마 익히기 24쪽

주먹밥 & 유부초밥

1
김은 1cm 두께로 길게 8장을 자른다.

2
참치는 체에 밭쳐 기름기를 뺀다.

3
볼에 현미밥, 참치를 넣어 섞는다.

4
8등분한 후 동글납작하게 만든다.

5
오이는 필러로 얇고 길게 썰어 8장을 만든다.

6
오이에 밥을 올려 감싼다.

7
김을 가로로 두른 후 와사비를 올린다.

8
도시락에 담은 후 볶은 퀴노아를 뿌린다.

충무 하트주먹밥 도시락

동치미 무 무침
오징어 어묵무침
치즈 김말이

동치미 무 무침
- 시판 동치미 무 1토막(150g)
- **양념** 고춧가루 1큰술, 설탕 1/2큰술, 액젓(멸치 또는 까나리) 1/2큰술, 다진 마늘 1작은술, 다진 파 1작은술, 통깨 약간

충무 하트주먹밥

통영의 명물, 충무김밥을 콩콩도시락 스타일로 만들었어요. 충무김밥은 고기잡이를 나가는 남편이 간편하게 먹을 수 있도록 아내가 만든 것에서 유래되었지요. 남편을 생각하는 아내의 마음을 하트로 표현해볼까요?

{ 재료 }
- 따뜻한 현미밥 1공기(200g)
- 김밥 김 1장 + 1/4장
- 슬라이스 치즈 1/4장
- 깻잎 5장

치즈 김말이
- 김밥 김 1/4장
- 슬라이스 치즈 1장

오징어 어묵무침
- 손질 오징어 1/2마리(100g)
- 사각 어묵 1/2장(25g)
- **양념** 고춧가루 2큰술, 설탕 1큰술, 다진 마늘 1/2큰술, 맛술 1큰술, 액젓(멸치 또는 까나리) 1큰술, 참기름 1작은술, 통깨 약간

1 깻잎은 돌돌 말아 가늘게 채 썬다.

2 김 1장은 2등분한 후 사진과 같이 사방을 삼각형 모양으로 자르고, 양쪽에 가위집을 넣는다.

3 나머지 김 1/4장은 김펀치로, 슬라이스 치즈 1/4장은 빨대로 작은 동그라미를 10~12개 정도 만든다.

4 주먹밥틀에 현미밥을 1/2분량씩 꾹꾹 눌러 담는다. * 틀이 없다면 손으로 꾹꾹 뭉쳐도 좋아요.

5 ②의 김으로 주먹밥의 1/2지점까지만 감싼다. 그 위에 ③의 치즈와 김을 나눠 올린다. * 김에는 치즈를, 밥에는 김을 올리면 눈에 더 잘 띄어요.

6 도시락에 ①의 깻잎을 담고 주먹밥을 올린다.

1 **치즈 김말이**
슬라이스 치즈는 2등분한 후 김에 겹쳐 올린다. * 김과 치즈의 크기가 같도록 남는 부분을 잘라도 좋아요.

2 돌돌 만 후 한입 크기로 썬다.

1 동치미 무 무침
동치미 무는 한입 크기로 썬다.

2
볼에 양념을 섞은 후 무를 넣어 무친다.

1 오징어 어묵무침
어묵은 1cm 두께로 썬다.
냄비에 오징어, 어묵 데칠 물(3컵)을 끓인다.

2
손질 오징어는 한입 크기로 썬다.
＊오징어는 손질된 것으로 구입하세요.

3
①의 끓는 물(3컵)에 오징어, 어묵을 넣어
3분간 데친 후 체에 밭쳐 물기를 뺀다.

4
볼에 양념을 섞은 후
오징어, 어묵을 넣어 무친다.

#콩콩도시락
콩콩이가 답한다!

출근 준비만으로도 바쁜 아침,
도시락을 만들 수 있는
시간 절약 꿀팁을 알려주세요!

#초스피드

#시간절약

#꿀꿀꿀팁

아침에 도시락을 만들 때면 맛이나 모양보다 시간의 압박이 가장 커요.
그렇다고 저녁에 미리 만드는 건 색깔도, 맛도 변할 수 있으니 추천하지 않아요.
아침에 조금 더 자도 빠르게 도시락을 쌀 수 있는 꿀팁!

1_ 시판 제품을 적절히 활용해요
마트에는 간편하게 요리할 수 있도록 손질된 채소와 해산물이 다양하게 있고,
이미 조리가 되어 나오는 제품들도 많습니다. 콩콩도시락에는 생 닭가슴살 대신 시판 완조리 닭가슴살,
오징어는 손질된 것, 새우는 생새우살 또는 자숙새우(쉬림프링)을 사용했어요.
재료를 손질하고 데치는 과정만 줄여도 시간을 절약할 수 있지요.
＊시판 제품 더 자세히 만나기 16쪽

2_ 자주 사용하는 재료는 미리, 넉넉히 준비해두세요
도시락에 자주 사용하는 재료는 전날이나 주말에 미리 준비해둡니다. 냉장실에는 삶은 달걀,
떠먹는 요구르트, 샐러드 채소가, 냉동실에는 시판 완조리 닭가슴살과
고구마, 단호박, 병아리콩, 퀴노아를 삶아 낱개로 소분해 두세요. 냉동 재료는 전날 밤에
미리 꺼내두면 자연해동이 된답니다. 그대로나 전자레인지에 살짝 데워서 담기만 하면 돼요.
＊많이 쓰는 재료 익히기 24쪽

3_ 요리를 편하게 만들어줄 조리 도구를 활용해요
도시락은 도구빨(?) 이라는 말이 있죠. 모든 조리 도구를 구입할 순 없지만
내게 딱 필요한 몇 가지만 갖춰도 시간을 절약할 수 있어요.
특히 천원숍에는 주먹밥틀, 달걀 슬라이서, 스쿱 등 저렴한 도구들이 많으니 꼭 이용해보세요.
＊조리 & 모양내기 도구 더 자세히 만나기 13쪽

현미 도넛주먹밥 도시락

파프리카 샐러드
블루베리 요거트
샐러드 드레싱

현미 도넛주먹밥

동그랗게만 뭉치던 주먹밥에 구멍을 쏙 내고 치즈를 올려보세요. 마치 도넛 같지 않나요? 슬라이스 치즈는 염도가 낮은 유아용을 추천해요.

{ 재료 }
- 따뜻한 현미밥 1공기(200g)
- 삶은 달걀 1개
- 슬라이스 치즈 2장
- 양상추 4장(60g)
- 검은깨 약간
- 다진 파프리카 약간
- 허브맛소금 약간

파프리카 샐러드
- 파프리카 약간
- 양상추 2장
- 코코넛 슬라이스 약간

샐러드 드레싱
- 시판 드레싱 1~2큰술 (발사믹, 오리엔탈 등)

블루베리 요거트
- 떠먹는 플레인 요구르트 1통(85g)
- 블루베리 7~8알

1
볼에 삶은 달걀을 넣어 포크로 으깬 후 현미밥, 허브맛소금을 넣고 섞는다.
＊달걀 삶기 24쪽

2
①을 2등분한 후 동글납작하게 뭉친다. 가운데 부분을 손가락으로 눌러 구멍을 만든다.

3
슬라이스 치즈는 도마에 올린 후 칼로 곡선을 그리듯이 자른다. 이때, 슬라이스 치즈 1장은 1/2분량만 모양을 내 자르고, 남은 반은 그대로 둔다.

4
밥에 모양 낸 슬라이스 치즈를 올리고 전자레인지에서 30~40초간 치즈가 녹을 때까지 돌린다. ＊슬라이스 치즈 1/2장은 밥의 반만 덮어보세요. 마치 녹아 흘러내린듯한 연출이 된답니다.

5
다진 파프리카, 검은깨를 뿌린다.

6
도시락에 양상추를 한입 크기로 뜯어 담고 ⑤를 넣는다. ③의 남은 슬라이스 치즈를 조금씩 돌돌 말아 함께 담는다.

콩콩 스토리

밸런타인데이, 마음을 전할 러블리 김치주먹밥 도시락

> 연애 초, 순수한 마음으로 선물했던 초콜릿 상자.
> 그때 그 아름다웠던 시절로 다시 돌아갈 수 있을까요?

결혼 전에는 밸런타인데이에 초콜릿을 직접 만들고 포장까지 해서 선물하곤 했었어요.
어디 초콜릿뿐일까요? 데이트하는 날이면 아침 일찍부터 도시락도 만들었는걸요.
그땐 볶음밥 하나를 만들어도 지금보다 더 성심성의껏 만들었던 기억이 나요. 지금 생각해보면 연애 시절이라 가능했겠죠?

그때를 생각하며 이번 밸런타인데이에는 '러블리 김치주먹밥 도시락'을 만들려고요.
주먹밥에 김을 두르고 리본 모양의 햄을 올리니까 마치 선물 상자 같지 않나요?
주먹밥 한 입에 연애 시절이 떠오른다면, 그 시절 기분도 다시 느껴질 것 같아요.

러블리 김치주먹밥 도시락

러블리 김치주먹밥
- 따뜻한 현미밥 1공기(200g)
- 익은 배추김치 2/3컵(100g)
- 닭가슴살 슬라이스햄 8장
- 슬라이스 치즈(흰색, 노란색) 각 2장씩
- 김밥 김 1장
- 설탕 1/3큰술
- 하프 마요네즈 1/3큰술
- 하프 토마토케첩 약간
- 올리브유 약간

파인애플샐러드
- 파인애플 링 1개(10g)
- 어린잎 채소 1/2줌(10g)
- 치아시드 약간

방울토마토 4개

블루베리 12알

1_ 김치는 양념을 털어낸 후 차퍼에 넣어 잘게 다진다.

2_ 김은 0.5cm 두께로 길게 16장을 자른다.

3_ 닭가슴살 슬라이스햄은 리본 모양틀로 찍어 모양을 8개 만든다. 모양을 만들고 남은 햄은 잘게 다진다. ＊틀이 없다면 가위로 잘라도 좋아요.

4_ 달군 팬에 올리브유, 김치, 잘게 다진 햄을 넣고 약한 불에서 3분, 현미밥, 설탕을 넣고 중간 불로 올려 2분, 하프 마요네즈를 넣어 1분간 볶는다.

5_ ④의 밥을 8등분한 후 사각 주먹밥틀을 이용해 직사각형 모양으로 만든다. ＊틀이 없다면 손으로 꾹꾹 눌러 모양을 만들어도 좋아요.

6_ 슬라이스 치즈를 ⑤의 밥과 같은 크기로 자른 후 1장씩 올린다. 김을 가로, 세로로 두른다.

7_ 리본 모양의 슬라이스햄을 올린 후 하프 토마토케첩을 콕콕 찍어 장식한다.

＊추천 제품
코쿠보 리본모양 햄커터

"샌드위치, 토스트는 다이어트의 적이라고요? 어떻게 즐기느냐에 따라
든든한 친구가 되기도 한답니다. 흰 빵보다는 통밀 빵으로, 스프레드나 소스는 최소로,
대신 채소나 과일, 닭가슴살 등의 속재료는 듬뿍 넣는 거지요.
이렇게 만들면 든든하고 가벼운 다이어트 식사가 될 거예요.
더 가볍게 즐기고 싶다면? 빵 한 개로 만드는 오픈 토스트를 추천합니다.
통밀 빵은 온라인으로 넉넉히 주문해 냉동해두면 언제든 편하고 쉽게 즐길 수 있어요."

PART 2

샌드위치 & 토스트

고구마 & 팥 웨이브 토스트 도시락

닭가슴살 샐러드
수박과 블루베리
파프리카

닭가슴살 샐러드
- 시판 완조리 닭가슴살 1/2팩(50g)
- 어린잎 채소 1줌
- 크러시드페퍼 약간

고구마 & 팥 웨이브 토스트

부드러운 고구마와 달콤한 팥앙금이 만났어요. 맛의 물결이 입안에서 넘실대지 않나요? 고구마와 팥앙금 대신 참치와 삶은 달걀, 삶은 단호박과 크림치즈 조합도 추천해요.

{ 재료 }
- 통밀 식빵 1장
- 삶은 고구마 1/2개(100g)
  * 고구마 익히기 24쪽
- 팥앙금 6작은술
- 로즈메리 약간

파프리카 1/4개

수박과 블루베리
- 수박 1컵
- 블루베리 5알

1

달군 팬에 식빵을 올려 중약 불에서
앞뒤로 각각 1분 30초씩 구운 후
한 김 식힌다.

2

삶은 고구마를 매셔(또는 포크)로 으깬다.

＊고구마는 뜨거울 때 잘 으깨져요.

3

식빵에 ②의 고구마 1작은술을 올린다.
숟가락 뒷면으로 눌러 모양을 낸다.

＊일회용 요구르트 숟가락을
사용하면 더 편리해요.

4

고구마 옆에 팥앙금을 1작은술을
올린 후 같은 방법으로 모양을 낸다.

5

③~④를 반복한 후 도시락에 담는다.

콩콩 tip

팥앙금

저는 바오담 수제 팥앙금을 사용했어요.
마켓컬리에서 구입했답니다.
흔히 사용하는 베이커리용 앙금은
단맛이 강하고, 용량이 너무 커서
선호하지 않아요.

낫토 아보카도 핫샌드위치 도시락

오렌지와 로즈메리
닭가슴살 볼 샐러드
방울토마토

오렌지와 로즈메리
- 오렌지 1/2개(150g)
  * 오렌지 예쁘게 썰기 27쪽
- 로즈메리 약간

낫토 아보카도 핫샌드위치

낫토와 아보카도의 조합, 어색한가요?
두 재료가 빵 속에서 만나
뜨겁게 익으면 부드러움이 2배,
고소한 맛도 2배가 된답니다.

{ 재료 }
- 통밀 식빵 2장
- 낫토 1팩(50g)
- 아보카도 1/2개(손질 후 80g)

방울토마토 2개

닭가슴살 볼 샐러드
- 시판 닭가슴살 볼 3개
- 어린잎 채소 1줌
- 크러시드페퍼 약간

1
낫토는 동봉된 간장 소스와 충분히 섞는다.

2
아보카도는 칼이 씨에 닿도록 깊숙이 꽂은 후 360° 빙 돌려가며 칼집을 낸다.

3
비틀어 두 쪽으로 나눈 후 씨에 칼날을 꽂아 비틀어 뺀다. ✱ 남은 아보카도는 단면에 레몬즙 약간을 바른 후 랩으로 감싸 냉장 보관(2~3일)하세요.

4
껍질을 벗겨 세로로 길게 0.5cm 두께로 썬다. ✱ 아보카도 껍질은 손으로 벗기거나, 숟가락으로 과육을 떠서 분리해도 돼요.

5
식빵 1장을 샌드위치 메이커에 올린 후 낫토 → 아보카도 순으로 펼쳐 올린다.

6
다른 식빵으로 덮은 후 샌드위치 메이커를 덮어 노릇노릇하게 굽는다.

7
2등분한 후 도시락에 담는다.
✱ 썰어서 담으면 시간이 지나면서 아보카도의 색이 변할 수 있어요. 썰지 않고 그대로 담고, 플라스틱 칼을 함께 넣어도 좋습니다.

콩콩tip
샌드위치 메이커 대체하기
샌드위치 메이커가 없다면 양면 샌드위치팬을 사용하거나, 일반 원형팬에 올린 후 무거운 것으로 힘주어 눌러도 됩니다.

아보카도 고르고, 숙성 시키기 **52쪽**

달걀 소시지 오픈토스트 도시락

키위와 블루베리
삶은 단호박과 딸기
삶은 고구마

키위와 블루베리
- 키위 1개
  *키위 예쁘게 썰기 27쪽
- 블루베리 5알

달걀 소시지 오픈토스트

닭가슴살 소시지를 활용하면 조금 더 건강한 도시락을 만들 수 있어요. 먹을 때는 반으로 접어서 입을 크게 아~ 하고 벌려보세요. 보들보들한 달걀과 소시지가 한입에 들어온답니다.

{ 재료 }
- 통밀 식빵 1장
- 닭가슴살 소시지 1개
- 달걀 1개
- 소금 약간
- 명란 마요네즈 약간
  (또는 하프 마요네즈)
- 올리브유 약간
- 로즈메리 약간

삶은 고구마 1/4개
*고구마 익히기 24쪽

삶은 단호박과 딸기
- 삶은 단호박 1/8개
  *단호박 익히기 24쪽
- 딸기 2개
  *딸기 예쁘게 썰기 26쪽

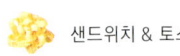 샌드위치 & 토스트

1
달군 팬에 식빵을 올려 중약 불에서
앞뒤로 각각 1분 30초씩 구운 후
한 김 식힌다.

2
식빵의 사방을 숟가락으로 꾹꾹 눌러준다.
＊ 과정 ⑦에서 달걀이 흐르지 않도록
미리 홈을 만드는 과정이에요.

3
닭가슴살 소시지는 엑스(x)자로
칼집을 2~3회 낸다. 볼에 흰자, 노른자를
각각 담은 후 소금을 넣어 푼다.

4
달군 팬에 올리브유, 흰자를 넣고
약한 불에서 1분간 저어가며 익힌다.
다른 냄비에 소시지 데칠 물(2컵)을 끓인다.

5
흰자는 한쪽으로 밀어둔다.
노른자를 넣고 40초간 저어가며 익힌다.

6
④의 끓는 물(2컵)에 닭가슴살 소시지를
넣고 1분간 데친다.

7
식빵에 명란 마요네즈를 바른다.
대각선을 기준으로 흰자와 노른자를 올린다.

8
흰자와 노른자의 경계 부분에
닭가슴살 소시지를 올린 후
로즈메리를 올린다.

달걀꽃 핫도그 도시락

딸기
청포도 요거트
핏콩 큐브

딸기 6개
* 딸기 예쁘게 썰기 26쪽

달걀꽃 핫도그

다이어트를 위해 통밀 빵과 삶은 달걀만 먹기에 조금 아쉽다면? 달걀꽃 핫도그를 만들어 보세요. 달걀에 감자전분을 섞으면 단단한 달걀꽃을 만들 수 있지요.

{ 재료 }
- 핫도그 빵(또는 통밀 빵) 2개
- 달걀 2개
- 녹말물(물 3큰술 + 감자전분 1작은술)
- 삶은 달걀 1개
  * 달걀 삶기 24쪽
- 떠먹는 플레인 요구르트 1/2큰술
- 허브맛소금 약간
- 올리브유 약간

핏콩 큐브 4개
* 구입처 핏콩

청포도 요거트
- 떠먹는 플레인 요구르트 1통(85g)
- 청포도 4알
- 치아시드 약간

1
삶은 달걀을 매셔(또는 포크)로 으깬 후
떠먹는 플레인 요구르트,
허브맛소금과 섞는다.

2
볼에 달걀을 푼 후 녹말물을 섞어
체에 내린다.
* 녹말물은 넣기 전에 한번 더 섞어요.

3
달걀말이용 사각팬을 달군 다음
올리브유를 두른 후 키친타월로 펴 바른다.
달걀물 1/2분량을 넣고 펼친다.
약한 불에서 앞뒤로 각각 1분씩 구운 후
한 김 식힌다. 같은 방법으로 1개 더 만든다.

4
가운데 부분에만 1cm 간격으로
사선으로 칼집을 여러개 넣는다.
* 칼집을 일정한 간격으로 넣어야 말았을 때
꽃 모양이 예쁘게 나와요.

5
반으로 접은 후 돌돌 만다.

6
빵 가운데에 쿠키틀로 구멍을 낸 후
⑤의 달걀을 꽂는다.

7
양쪽 끝부분에 칼로 살짝 구멍을 낸 후
①을 나눠 담는다.

콩콩 tip
달걀말이용 사각팬 대체하기
일반 팬으로 대체해도 좋아요.
지단을 만든 후 직사각형 모양으로
잘라 사용하세요.

당근절임 샌드위치 도시락

삶은 달걀과 크러시드페퍼
방울토마토와 코코넛 슬라이스
바나나와 애플민트

삶은 달걀과 크러시드페퍼
- 삶은 달걀 2개
  *달걀 삶기 24쪽
- 크러시드페퍼 약간

당근절임 샌드위치

당근 편식이 심한 남편이지만,
이 샌드위치는 참 잘 먹어요.
당근을 살짝 절인 덕분에 피클처럼
아삭하고 달콤하다면서 말이지요.
절인 당근은 밑반찬으로 먹거나
김밥 재료로도 활용할 수 있답니다.

{ 재료 }
- 통밀 베이글 1개
- 당근 1개(200g)
- 상추 10장
- 후무스 3큰술
  *후무스 만들기 124쪽
- 슬라이스 치즈 1장
- 홀그레인 머스터드 약간

절임 소스
- 레몬즙 2큰술
- 꿀 1큰술
- 올리브유 2큰술
- 허브맛소금 약간

바나나와 애플민트
- 바나나 1/3개
- 애플민트 약간

방울토마토와 코코넛 슬라이스
- 방울토마토 5개
- 코코넛 슬라이스 약간

1

당근은 스파이럴라이저로 가늘게 채 썬다.

* 채칼이나 칼로 가늘게 채 썰어도 좋아요.

2

볼에 절임 소스를 섞는다.

3

②의 볼에 당근을 넣어 섞은 후 30분간 둔다.

4

통밀 베이글은 2등분한 후 한쪽에 홀그레인 머스터드 → 후무스 순으로 펴 바른다.

5

③의 당근 → 슬라이스 치즈 → 상추 순으로 올린 후 다른 베이글로 덮는다.

* 절인 당근의 물기가 너무 많다면 손으로 물기를 살짝 없앤 후 더하세요.

6

매직랩을 정사각형으로 자른 후 다이아몬드(◇) 모양으로 펼친다. 샌드위치를 올려 감싼다. 2등분한 후 도시락에 담는다.

* 매직랩은 끈적이는 부분을 바깥쪽으로 두고 감싸세요. 2번 감싸면 더 탄탄해진답니다.

방울토마토절임 오픈토스트 도시락

삶은 고구마와 검은깨
닭가슴살 샐러드
감

방울토마토절임 오픈토스트

상큼한 절임물에 방울토마토를 마리네이드 해보세요. 토마토의 신맛은 줄고 달큼한 맛이 강해져 피클처럼 느껴진답니다. 방울토마토절임은 미리 만들어 냉장실에서 하루 정도 숙성 시키면 더 맛있어요.

{ 재료 }

- 통밀 식빵 1장
- 방울토마토 4개(60g)
- 모짜렐라 보코치니 치즈 8개
  (또는 생 모짜렐라 치즈 4개)
- 떠먹는 그릭 요구르트 3큰술
  (또는 떠먹는 플레인 요구르트)
- 말린 허브가루 약간
- 로즈메리 약간

절임물
- 레몬즙 1큰술
- 발사믹크림 1큰술
- 허브맛소금 약간
- 말린 허브가루 약간

삶은 고구마와 검은깨
- 삶은 고구마 1/2개
  *고구마 익히기 24쪽
- 검은깨 약간

감 1/4개

닭가슴살 샐러드
- 시판 완조리 닭가슴살 1/2팩(50g)
- 어린잎 채소 1줌
- 치아시드 약간

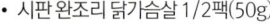
샌드위치 & 토스트

1
달군 팬에 식빵을 올려 중약 불에서 앞뒤로 각각 1분 30초씩 구운 후 한 김 식힌다. 냄비에 방울토마토 데칠 물(2컵)을 끓인다.

2
방울토마토는 꼭지를 제거하고 반대쪽에 열십(+) 자로 칼집을 낸다.

3
①의 끓는 물(2컵)에 방울토마토를 넣고 30초간 데친다. 찬물에 바로 담가 껍질을 벗긴다.

4
볼에 절임물을 섞은 후 방울토마토를 넣고 버무려 10분 정도 둔다.
* 전날 저녁에 미리 만들어 냉장실에서 숙성 시켜도 좋아요.

5
방울토마토는 2등분하고 모짜렐라 보코치니 치즈는 물기를 없앤다.

6
식빵에 떠먹는 그릭 요구르트를 펴 바른다.

7
방울토마토와 모짜렐라 보코치니 치즈를 번갈아가며 올린다. 말린 허브가루, 로즈메리를 올린다.

콩콩 tip
모짜렐라 보코치니 치즈 대체하기
생 모짜렐라 치즈의 한 종류예요. 크기가 밤알 만하며 쫄깃한 식감을 가졌지요. 생 모짜렐라 치즈로 대체해도 좋아요.

삼색 파프리카 샌드위치 도시락

바나나와 카카오닙스
딸기 요거트
삶은 병아리콩과 로즈메리

삼색 파프리카 샌드위치

통밀 식빵과 채소 본연의 맛이 어우러져 소스 없이도 맛있는 샌드위치예요. 삼색 파프리카와 상추, 달걀을 넣어 눈까지 즐겁지요. 모든 재료를 한입에 먹도록 입을 크게 벌리세요.

{ 재료 }
- 통밀 식빵 2장
- 닭가슴살 슬라이스햄 1장(15g)
- 노랑 파프리카 1/2개(100g)
- 주황 파프리카 1/2개(100g)
- 빨강 파프리카 1/2개(100g)
- 달걀 1개
- 슬라이스 치즈 1장
- 상추 10장
- 올리브유 1/2큰술

바나나와 카카오닙스
- 바나나 1/2개
- 카카오닙스 약간

삶은 병아리콩과 로즈메리
- 삶은 병아리콩 2큰술
  * 병아리콩 삶기 25쪽
- 로즈메리 약간

딸기 요거트
- 떠먹는 플레인 요구르트 1통(85g)
- 딸기 2개

1
삼색 파프리카는 0.5cm 두께로 채 썬다.

2
달군 팬에 올리브유를 두른다. 달걀을 넣고 약한 불에서 그대로 3분간 굽는다.
* 익기 전에 숟가락 뒷면으로 달걀노른자를 가운데로 밀면 더 예쁘게 만들 수 있어요.

3
식빵에 빨강 파프리카 → 달걀프라이 → 닭가슴살 슬라이스햄 → 주황 파프리카 → 슬라이스 치즈 → 노랑 파프리카 → 상추 순으로 올린 후 다른 식빵으로 덮는다.
* 도시락의 크기에 맞춰 식빵 테두리나 한쪽을 잘라도 좋아요.

4
매직랩을 정사각형으로 자른 후 다이아몬드(◇) 모양으로 펼친다. 샌드위치를 올려 감싼다.
* 매직랩은 끈적이는 부분을 바깥쪽으로 두고 감싸세요. 2번 감싸면 더 탄탄해진답니다.

5
2등분한 후 도시락에 담는다.

콩콩tip
파프리카 사용하기
노랑, 빨강, 주황 세 가지 색깔의 파프리카를 사용해야 알록달록 예쁜 샌드위치가 된답니다. 만약 두 가지 색깔의 파프리카만 있다면 순서가 겹치지 않게 올리세요.

아스파라거스 보자기 샌드위치 도시락

귤
삶은 달걀
딸기

귤 1개
* 귤 예쁘게 썰기 26쪽

아스파라거스 보자기 샌드위치

비타민 A, 무기질이 풍부한 아스파라거스는 피로회복에도 참 좋은 채소예요. 일반 아스파라거스에 비해 식감이 연하고 크기가 작은 미니 아스파라거스를 식빵으로 감쌌어요. 길쭉한 모양 덕분에 먹기도 편하지요.

{ 재료 }
- 통밀 식빵 2장
- 미니 아스파라거스 6개
  (또는 아스파라거스, 60g)
- 아보카도 1/2개(손질 후 80g)
- 닭가슴살 소시지 1개
- 스리라차 소스 약간

딸기 3개

삶은 달걀
- 삶은 달걀 2개
* 달걀 삶기 24쪽
- 말린 허브가루 약간

1
닭가슴살 소시지는 길이로 2등분한다.

2
아보카도는 칼이 씨에 닿도록
깊숙이 꽂은 후 360° 빙 돌려가며
칼집을 낸다.

3
비틀어 두 쪽으로 나눈 후
씨에 칼날을 꽂아 비틀어 뺀다.
* 남은 아보카도는 단면에
레몬즙 약간을 바른 후 랩으로 감싸
냉장 보관(2~3일)하세요.

4
껍질을 벗겨 볼에 담고 포크로 으깬다.
* 아보카도 껍질은 손으로 벗기거나,
숟가락으로 과육을 떠서 분리해도 돼요.

5
달군 팬에 미니 아스파라거스를 넣어
약한 불에서 3분간 굽는다.
* 일반 아스파라거스는 식빵과 비슷한
길이로 잘라 사용하세요.

6
식빵을 밀대로 밀어 얇게 편다.
* 통밀 식빵은 탄력이 약하고 거칠어서
밀대로 미는 과정에서 찢어질 수 있어요.
전자레인지에서 30초 정도 돌린 후
밀어도 좋습니다.

7
식빵에 스리라차 소스 → 아보카도
→ 닭가슴살 소시지 → 아스파라거스
순으로 올린다.

8
식빵의 양끝을 잡고 재료를 덮은 후
꼬치(또는 이쑤시개)로 고정시킨다.
* 꼬치(또는 이쑤시개)는 먹기 전에
꼭 제거하세요.

연어샐러드 포켓샌드위치 도시락

키위와 삶은 병아리콩
삶은 달걀과 닭가슴살 소시지

연어샐러드 포켓샌드위치

피타빵에 알록달록한 연어샐러드를 채운 포켓샌드위치예요. 피타빵의 담백한 맛 덕분에 어떤 재료를 넣느냐에 따라 다양한 샌드위치로 탄생할 수 있지요.

{ 재료 }

- 피타빵 1개
  (또는 통밀 식빵 2장)
- 생연어 1토막(또는 연어회, 100g)
- 자숙새우(또는 쉬림프링) 4마리
- 상추 4장
- 오이 1/4개(50g)
- 방울토마토 5개
  (또는 토마토 1/2개, 75g)
- 파프리카 1/2개(100g)
- 적양파 1/4개(또는 양파, 50g)

드레싱
- 레몬즙 3큰술
- 올리브유 1큰술
- 허브맛소금 약간
- 꿀 약간

키위와 삶은 병아리콩

- 키위 1개
  * 키위 예쁘게 썰기 27쪽
- 삶은 병아리콩 1큰술
  * 병아리콩 삶기 25쪽

삶은 달걀과 닭가슴살 소시지

- 삶은 달걀 2개
  * 달걀 삶기 24쪽
- 닭가슴살 소시지 1/2개
- 크러시드페퍼 약간

1
적양파는 0.3cm 두께로 가늘게 채 썬 후
찬물에 담가 매운맛을 뺀다.

2
오이, 방울토마토는 사방 1cm,
파프리카는 1×1cm 크기로 썬다.

3
생연어, 자숙새우는 사방 1cm 크기로 썬다.

4
볼에 드레싱을 섞은 후
상추를 제외한 모든 재료를 넣어 버무린다.

5
피타빵을 2등분한 후 속에
상추 2장 → ④를 각각 채운다.

콩콩 tip

피타빵

속이 비어있는 납작한 빵이에요.
일명 포켓 브레드라고도 부르지요.
중동 지역에서 많이 먹는데,
열량이 낮고 담백하지요. 마트에서는
구하기 어렵고, 온라인샵에서
냉동으로 판매하는 것을 구입하세요.

콘 감자 토스트 도시락

키위 샐러드
딸기
견과류

키위 샐러드
- 키위 1개
- 어린잎 채소 1줌

콘 감자 토스트

씹을 때마다 톡톡 터지는 식감의 옥수수와 부드러운 감자가 만났어요. 일명 콘감자 토스트! 마요네즈 대신 떠먹는 요구르트를 활용해 가볍지만 맛은 더 꽉 채웠답니다.

{ 재료 }
- 통밀 식빵 1장
- 감자 1개(200g)
- 통조림 옥수수 1/4캔(45g)
- 달걀 1개
- 삶은 달걀 1개
  * 달걀 삶기 24쪽
- 닭가슴살 소시지 1/2개
- 떠먹는 플레인 요구르트 2큰술
- 허브맛소금 1작은술
- 올리브유 1작은술

견과류 1/4컵

딸기 8개

1
달군 팬에 식빵을 올려 중약 불에서
앞뒤로 각각 1분 30초씩 구운 후
한 김 식힌다.

2
닭가슴살 소시지는 길이로 2등분한 후
0.5cm 두께로 썬다. 통조림 옥수수는
체에 밭쳐 물기를 뺀다.

3
감자는 한입 크기로 썬 후 내열용기에
물(1큰술)과 담아 랩을 씌운다.
포크로 구멍을 3~4군데 뚫은 후
전자레인지에서 6~7분간 완전히 익힌다.

4
삶은 달걀을 매셔(또는 포크)로 으깬다.
허브맛소금과 함께 ③의 볼에 넣어 섞는다.
* 감자는 뜨거울 때 잘 으깨져요.

5
④의 볼에 옥수수,
떠먹는 플레인 요구르트를 넣고 섞는다.

6
달군 팬에 올리브유를 두른다. 달걀을 넣고
약한 불에서 그대로 3분간 굽는다.
* 익기 전에 숟가락 뒷면으로 달걀노른자를
가운데로 밀면 더 예쁘게 만들 수 있어요.

7
식빵에 달걀프라이를 올린 후
노른자의 가장자리를 따라 소시지를 올린다.

8
⑤를 소시지 바깥쪽에 올린다.

타마고 샌드위치 도시락

청포도 샐러드
핀 크리스프

타마고 샌드위치

타마고는 일본어로 '달걀'을 뜻해요. 완전식품이라 불릴 정도로 영양이 풍부한 달걀 식감, 모양을 살리기 위해 두툼한 달걀말이를 만들어 샌드위치로 탄생시켰어요. 설탕과 타마고 간장을 더해서 감칠맛도 살렸답니다.

{ 재료 }
- 통밀 모닝빵(또는 통밀 식빵) 2개
- 달걀 3개
- 로메인(또는 상추) 6장
- 설탕 1큰술
- 저지방 우유 2큰술
- 타마고 간장(또는 양조간장) 1큰술
- 홀그레인 머스터드 2작은술
- 올리브유 약간

청포도 샐러드
- 어린잎 채소 1줌
- 청포도 4알
- 코코넛 슬라이스 약간

핀 크리스프 6개

＊ 핀 크리스프 만나기 19쪽

1
볼에 달걀, 설탕, 저지방 우유,
타마고 간장을 섞는다.
체에 밭쳐 한 번 내린다.
＊ 체에 내리면 식감이 더 부드러워져요.

2
달걀말이용 사각팬을 달군 다음
올리브유를 두른 후 키친타월로 펴 바른다.

3
①의 달걀물 1/2분량을 넣고 펼친다.
약한 불에서 2~3분간 80% 정도 익힌 후
돌돌 말아 한쪽으로 밀어 둔다.
남을 달걀물을 부어 다시 익힌 후
한 번 더 돌돌 만다.

4
한 김 식힌 후 2등분한다.

5
모닝빵은 2등분한다. 한쪽에
홀그레인 머스터드를 1작은술씩 펴 바른다.

6
로메인 → ④의 달걀을 나눠 올린 후
다른 모닝빵으로 덮는다.

7
빵을 2등분한 후 이쑤시개(또는 꼬치)를
꽂아 고정시킨다. ＊ 이쑤시개(또는 꼬치)는
먹기 전에 꼭 제거하세요.

토마토 상추꽃 샌드위치 도시락

귤
닭가슴살과 방울토마토
에너지바

귤 1개
*귤 예쁘게 썰기 26쪽

토마토 상추꽃 샌드위치

샌드위치 데칼코마니가 가로로만 똑같을 필요 있나요? 우리 가로, 세로 반반씩 나눠 먹어요! 샌드위치 속 상추는 돌돌 말아주기만 하면, 동글동글 모양도 예쁠 뿐만 아니라 채소를 더 듬뿍 먹을 수 있지요.

{ 재료 }
- 통밀 식빵 2장
- 상추 10장
- 토마토 1개(150g)
- 슬라이스 치즈 1장
- 바질 페스토 1큰술

에너지바 1개

닭가슴살과 방울토마토
- 시판 완조리 닭가슴살 1팩(100g)
- 방울토마토 2개
  *방울토마토 예쁘게 썰기 27쪽
- 애플민트 약간

1
토마토는 2등분한 후 1cm 두께로 썬다.
슬라이스 치즈는 2등분한다.

2
상추는 겹쳐 돌돌 말고
쿠킹 포일로 감싸 1분간 둬 고정시킨다.

3
식빵에 바질 페스토를 나눠 바른다.

4
식빵의 절반에 슬라이스 치즈 →
토마토 → 슬라이스 치즈 순으로 올린다.
나머지 절반에 돌돌만 상추를 올린 후
식빵 길이에 맞게 줄기를 없앤다.
남은 식빵으로 덮는다.

5
매직랩을 정사각형으로 자른 후
다이아몬드(◇) 모양으로 펼친다.
샌드위치를 올려 감싼다.

＊ 매직랩은 끈적이는 부분을 바깥쪽으로 두고
감싸세요. 2번 감싸면 더 탄탄해진답니다.

6
재료의 단면이 잘 보이도록 2등분한다.

7
토마토와 상추가 엇갈리도록
도시락에 담는다.

콩콩 tip

바질 페스토

바질, 올리브유 등을 더해 만든 소스예요.
시판 바질 페스토를 구입하거나,
직접 만들어도 좋아요.
바질 잎 5g + 호두 1큰술(10g) +
올리브유 1작은술 + 소금 약간 + 통후추 간 것
약간을 믹서에 곱게 갈면 완성.
시판 바질 페스토는 구입 양이 많으므로
한번 먹을 분량씩 냉동해두면 돼요.

콩콩 스토리

결혼기념일, 당신만을 바라볼게요. 카레 해바라기 주먹밥 도시락

> " 그대를 만나 예쁜 꽃길을 걷게 되었으니,
> 영원히 당신만 바라보는 해바라기가 되겠어요. "

남편은 손발이 오그라든다며 키득대지만 가끔은 이런 고백도 필요한 것 같아요.
매일 마주 보고, 항상 옆에 있더라도 서로를 소중히 여기는 마음은 표현해야 알 수 있으니까요.
자취생 시절부터 카레를 좋아했다는 남편을 위해 이번 결혼기념일에는
애교 섞인 고백과 함께 카레 해바라기 주먹밥 도시락을 싸줘야겠어요.

카레를 도시락에 담으면 지저분할 것 같다고요? 대개 밥에 카레를 붓지만, 반대로 담으면 돼요.
카레에 곱게 간 달걀노른자를 입힌 주먹밥을 해바라기처럼 올려보세요.
그대만을 바라보는 마음을 해바라기로 살포시 전하는 거죠.

카레 해바라기 주먹밥 도시락

카레 해바라기 주먹밥
- 따뜻한 현미밥 1/2공기(100g)
- 시판 닭가슴살 스테이크 1/4팩
- 모둠 채소 200g
  (양파, 당근, 감자, 양배추 등)
- 시판 완조리 닭가슴살 1/2팩(50g)
- 삶은 달걀 노른자 2개
- 슬라이스 치즈 1/3장
- 미니 아스파라거스 1개
- 물 1컵(200ml)
- 카레가루 3큰술
- 올리브유 약간

방울토마토 샐러드
- 방울토마토 1~2개
- 샐러드 채소 약간
- 코코넛 슬라이스 약간

현미볼 3~4개
- *구입처 다신샵

파프리카 1/2개

1_ 모둠 채소는 한입 크기로 썰고, 아스파라거스는 3등분한다.
2_ 닭가슴살은 사방 2cm 크기로 썬다. 슬라이스 치즈는 길이로 4등분한다.
3_ 삶은 달걀 노른자는 체에 내린다.
4_ 현미밥은 7등분한 후 동그랗게 만든다. 겉에 ③의 노른자를 입힌다.
5_ 달군 냄비에 올리브유술, 채소, 닭가슴살을 넣고 중약 불에서 3분간 볶는다.
6_ 물, 카레가루를 넣어 저어가며 중약 불에서 10분간 끓인 후 불을 끈다.
7_ 닭가슴살 스테이크는 모양틀로 동그랗게 만든다.
8_ 달군 팬에 올리브유, 닭가슴살 스테이크, 아스파라거스를 넣고 약한 불에서 뒤집어가며 1분간 굽는다.
9_ 도시락에 ⑥의 카레를 담은 후 닭가슴살 스테이크를 가운데에 올린다. 슬라이스 치즈를 닭가슴살 스테이크에 가로, 세로로 올린다.
10_ ④의 밥을 닭가슴살 스테이크에 둘러 담고, 아스파라거스로 나무 모양을 만든다.

"김밥과 롤은 도시락에서 절대 빠질 수 없는 아이템! 맛도 좋고, 한입에 먹기도 편하고,
모양도 예쁘고! 자랑할 것만 해도 어마어마하네요. 김밥과 롤을 만들 때 가장 중요한 것은
감싸는 재료에 따라 말 때 힘 조절을 잘 하는 것이에요. 라이스페이퍼나 달걀지단,
또띠야처럼 찢어지기 쉬운 재료는 손목에 힘을 빼고 살포시 감싸고,
양배추나 케일처럼 튼튼한 재료는 살짝 힘을 더해 당기면서 말아주세요."

PART 3

김밥 & 롤

달걀말이김밥 도시락

오렌지와 로즈메리
수박과 블루베리
단백질 스낵

달걀말이김밥

밥보다 달걀의 양이 더 많이 들어간 김밥이에요. 덕분에 더 건강하고, 든든하고, 속을 편하게 해주지요. 달걀말이의 단면이 보여서 더 먹음직스럽답니다.

{ 재료 }
- 따뜻한 현미밥 1공기(200g)
- 닭가슴살 슬라이스햄 1장
- 달걀 3개
- 슬라이스 치즈 1장
- 김밥 김 2장
- 저지방 우유 5큰술
- 식초 1큰술
- 타마고 간장(또는 양조간장) 1큰술
- 참기름 1/2큰술
- 올리브유 약간
- 검은깨 약간
- 소금 약간

오렌지와 로즈메리
- 오렌지 1/2개
  * 오렌지 예쁘게 썰기 27쪽
- 로즈메리 약간

단백질 스낵 1봉
* 단백질 스낵 만나기 19쪽

수박과 블루베리
- 수박 1컵
- 블루베리 5~6알

1
김, 닭가슴살 슬라이스햄,
슬라이스 치즈는 2등분한다.

2
볼에 달걀, 저지방 우유, 소금을 넣어 푼 후
체에 내린다.
* 체에 내리면 식감이 더 부드러워져요.

3
달걀말이용 사각팬을 달군 다음
올리브유를 두른 후 키친타월로 펴 바른다.
달걀물 1/3분량을 넣고 펼친다.

4
약한 불에서 2~3분간 80% 정도 익힌 후
돌돌 말아 한쪽으로 밀어 둔다.
과정 ③~④를 2회 더 반복해
달걀말이를 만든다.

5
한 김 식힌 후 2등분한다.
* 과정 ①에서 잘라둔 김의 짧은 쪽 길이와
비슷한 길이로 썰면 좋아요.

6
볼에 현미밥, 식초, 타마고 간장, 참기름을
넣어 섞는다.

7
김에 현미밥 1/2분량을 얇게 펼쳐 올린다.
달걀말이 → 슬라이스 치즈 →
닭가슴살 슬라이스햄을 1/2분량씩 올린다.

8
김을 접듯이 반듯하게 만다.
같은 방법으로 1개 더 만든 후 3등분한다.
* 김밥의 끝과 끝이 만난다는 느낌으로
접듯이 말아주세요.

달걀 줄무늬김밥 도시락

오이와 크러시드페퍼
무화과
닭가슴살 슬라이스햄

오이와 크러시드페퍼
- 오이 1/4개
- 크러시드페퍼 약간

달걀 줄무늬김밥

마치 노란 꿀벌이 연상되는 김밥이에요.
김을 한 장씩 두를 필요 없이
바닥에 김을 펼치고 달걀지단을 올려
말기만 하면 모양이 쉽게 완성되지요.
저염 명란젓으로 간과
감칠맛을 더했답니다.

{ 재료 }
- 따뜻한 현미밥 1공기(200g)
- 달걀 3개
- 저염 명란젓 2개(80g)
- 김밥 김 1/2장
- 녹말물(물 5큰술 + 감자전분 1작은술)
- 올리브유 1과 1/2큰술

닭가슴살 슬라이스햄 1장

무화과 1개

김밥 & 롤

1

김은 1cm 두께로 길게 9장을 자른다.

2

명란젓은 칼집을 넣어 벌린다.
칼등으로 알만 발라낸다.

3

볼에 달걀을 푼 후 녹말물을 섞어
체에 내린다.
＊녹말물은 넣기 전에 한번 더 섞어요.

4

③을 체에 내린다.
＊체에 내리면 식감이 더 부드러워져요.

5

달걀말이용 사각팬을 달군 다음
올리브유 1/2큰술을 두른 후 키친타월로
펴 바른다. 달걀물 1/3분량을 넣고 펼친다.
약한 불에서 앞뒤로 각각 1분씩 구운 후
한 김 식힌다. 같은 방법으로 2개 더 만든다.

6

달걀지단 3장을 도시락 칸의 길이에 맞춰
자른다.

7
랩을 펼치고 일정한 간격으로 김 3개 올린다.
김 위에 ⑥의 달걀지단 1장을 겹쳐 올린다.

8
현미밥 1/3분량을 달걀지단 한쪽에
사진과 같이 올린 다음
명란젓 1/3분량을 밥의 가운데에 올린다.

9
김밥을 말듯이 돌돌 만 후 양쪽을 감싼다.
같은 방법으로 2개 더 만든다.

10
랩을 씌운 채로 도시락에 담는다.

1 닭가슴살 슬라이스햄
가운데 부분에만 1cm 간격으로
사선으로 칼집을 넣는다.
* 칼집을 일정한 간격으로 넣어야
말았을 때 꽃 모양이 예쁘게 나와요.

2
반으로 접은 후 돌돌 만다.

QA #콩콩도시락 콩콩이가 답한다!

매번 색다른 모양의 콩콩도시락을 볼 때면
감탄이 절로 나와요.
모양은 어떻게 구상하나요?

#콩콩도시락

#따라하고픈

#예쁜모양

1_ 같은 도시락을 사용하면서 감을 익히세요
가장 먼저 도시락과 친해지는 것이 중요해요. 도시락의 특성을 잘 알면 거기에 맞는
모양도 떠오르거든요. 도시락은 모양, 재질이 정말 무궁무진한 만큼
매번 다른 크기의 도시락에 맞춰 음식을 양을 조절하고, 담기란 쉽진 않아요.
칸에 딱 맞게 담길지, 뚜껑이 잘 닫힐 높이인지 등을 고려하기 위해서는
같은 도시락을 반복해서 사용하면서 감을 익히는 것이 중요합니다.

2_ 메인 메뉴만 잘 담아도 반은 성공!
가장 큰 칸에 담기는 메인 메뉴에 좀 더 신경을 써보세요. 어려울 것 없지요.
주먹밥이나 김밥, 롤은 비슷한 크기로 썬 후 나란히, 또는 동그랗게 담고요.
샌드위치는 속 재료가 잘 보이게 담거나, 비스듬히 눕혀 담으면 좋아요.
샐러드는 잎채소를 담은 후 나머지 재료를 줄 세워 담거나 둘러 담으면 보기 좋지요.

3_ 과한 것보다는 부족하게 꾸미는 게 중요해요
도시락을 싸다 보면 가장 많이 하는 실수가 과하게 담고, 지나치게 꾸미려는
욕심이 생긴다는 점이에요. 도시락 칸을 무조건 꽉 채워야 한다는 생각은 버리고
조금씩 적게 담으려는 연습을 해보세요. 방울토마토를 가득 담기보다는 샐러드 채소를 담고
그 위에 3개만, 검은깨를 잔뜩 뿌리는 것보다 한 꼬집만, 이렇게요.

4_ 다양한 도시락 담음새 사진이나 그림을 저장하고, 따라 해보세요
많이 보는 것이 중요해요. 그리고 사진을 저장하기도 하고, 또 그려보기도 하세요.
저도 책이나 인터넷을 통해 수시로 찾아보고, 아이디어를 얻는답니다. 다양한 SNS 채널도 추천해요.
제 콩콩도시락도 많은 분들이 따라 하시면서 감을 익히시더라고요.

닭가슴살 또띠야롤 도시락

자몽과 로즈메리
키위
삶은 병아리콩

닭가슴살 또띠야롤

롤을 만들 때는 지름 20cm 정도의 큰 또띠야를 선택하는 것이 좋아요. 그래야 재료를 듬뿍 채울 수 있거든요. 소스 없이 만든 덕분에 채소 본연의 아삭함과 또띠야의 고소함을 제대로 느낄 수 있는 롤을 소개해요.

{ 재료 }
- 시판 완조리 닭가슴살 1/2팩(50g)
- 통밀 또띠야(지름 20cm) 4장
- 노랑 파프리카 1/2개(100g)
- 빨강 파프리카 1/2개(100g)
- 오이 1/2개(100g)
- 깻잎 8장
- 슬라이스 치즈 2장

자몽과 로즈메리
- 자몽 1/2개
  * 자몽 예쁘게 썰기 147쪽
- 로즈메리 약간

삶은 병아리콩 1/2컵
* 병아리콩 삶기 25쪽

키위 1개
* 키위 예쁘게 썰기 27쪽

1
파프리카, 오이는 0.5cm 두께로 채 썰고, 닭가슴살도 비슷한 크기로 썬다.
슬라이스 치즈는 2등분한다.

2
또띠야에 깻잎 1장 → 슬라이스 치즈 1장을 올린다. * 깻잎의 끝이 또띠야의 바깥으로 살짝 나오도록 올려주면 말았을 때 모양이 더 예뻐요.

3
파프리카 → 오이 → 닭가슴살을 1/4분량씩 올린다.

4
또띠야의 아랫부분을 접어 올린 후 양옆을 안쪽으로 접는다.

5
스파게티(또는 꼬치, 이쑤시개)를 꽂아 고정시킨다. * 스파게티(또는 꼬치, 이쑤시개)는 먹기 전에 꼭 제거하세요.

6
또띠야의 아랫부분을 깻잎으로 감싼다.
같은 방법으로 3개 더 만든다.

닭가슴살 도톰김밥 도시락

아보카도
오렌지
방울토마토

아보카도 1/2개
* 아보카도 손질하기 51쪽

닭가슴살 도톰김밥

도톰한 닭가슴살에 닭가슴살 햄까지 더한,
진짜 닭가슴살 김밥이에요.
상추를 넣어 싱그러운 색감과
사각사각 씹는 재미도 더했습니다.

{ 재료 }
- 따뜻한 현미밥 1공기(200g)
- 시판 완조리 닭가슴살 1팩(100g)
- 김밥 김 1장
- 닭가슴살 슬라이스햄 1장
- 슬라이스 치즈 1장
- 상추(또는 다른 쌈 채소) 4장
- 식초 1큰술
- 타마고 간장 1큰술
  (또는 양조간장)
- 참기름 1큰술

방울토마토 2개

오렌지 1/2개
* 오렌지 예쁘게 썰기 27쪽

1
김, 닭가슴살 슬라이스햄,
슬라이스 치즈는 2등분한다.

2
상추는 잎 부분 10cm 정도만 남기고 없앤다.

3
닭가슴살은 포를 떠서 2등분한다.

4
볼에 현미밥, 식초, 타마고간장, 참기름을 넣어 섞는다.

5
김에 밥 1/2분량을 얇게 펼친다.
상추 → 닭가슴살 → 슬라이스 치즈 →
닭가슴살 슬라이스햄을 1/2분량씩 올린다.

6
김을 접듯이 반듯하게 만다.
같은 방법으로 1개 더 만든다.
* 김밥의 끝과 끝이 만난다는 느낌으로
접듯이 말아주세요.

7
3등분한 후 도시락에 담는다.

닭가슴살 채소 스프링롤 도시락

딸기 요거트
삶은 고구마와 검은깨
통깨 소스

딸기 요거트
- 떠먹는 플레인 요구르트 1통(85g)
- 딸기 2개
  * 딸기 예쁘게 썰기 26쪽

닭가슴살 채소 스프링롤

라이스페이퍼 안에 채소를 듬뿍 넣어 보세요. 입안이 가득 찰 정도로 말이에요. 아삭한 채소, 쫀득한 라이스페이퍼의 식감이 참 잘 어우러진답니다. 여기에 고소한 통깨 소스까지 곁들이면? 마치 봄이 온 것 같지요.

{ 재료 }
- 시판 완조리 닭가슴살 1/2팩(50g)
- 라이스페이퍼 6장
- 상추(또는 다른 쌈 채소) 12장
- 당근 1/3개(약 70g)
- 오이 1/2개(100g)
- 양배추 2장(손바닥 크기, 60g)
- 쌈무 6장

통깨 소스
- 통깨 간 것 2큰술
- 마요네즈 1큰술
- 양조간장 1작은술
- 꿀 1작은술

삶은 고구마와 검은깨
- 삶은 고구마 1/2개
  * 고구마 익히기 24쪽
- 검은깨 약간

1

당근, 오이, 양배추는
0.5cm 두께로 채 썬다.
닭가슴살은 비슷한 크기로 썬다.

2

상추는 잎 부분 10cm 정도만 남기고 없앤다.

3

라이스페이퍼 2장을 10cm 정도 겹친 후
미지근한 물을 전체적으로
충분히 뿌려 적신다. *라이스페이퍼
2장을 겹치면 마는 도중 속재료가
빠져 나오지 않아요

4

라이스페이퍼에 상추 → 당근, 오이 →
양배추, 닭가슴살을 1/3분량씩
가로로 올린다.

5

라이스페이퍼 아랫부분을 접는다.
양옆을 안쪽으로 접은 후 돌돌 만다.
같은 방법으로 2개 더 만든다.

6

2등분한다.

7

쌈무로 겉을 감싼 후 도시락에 담는다.
쌈무의 윗부분을 살짝 펼쳐 모양을 만든다.
*쌈무로 겉을 감싸면 라이스페이퍼끼리
달라붙지 않아 먹기 쉬워요.

콩콩 tip

라이스페이퍼 사용하기

라이스페이퍼를 물에 담그는 것보다
스프레이 용기에 물을 담아 뿌려 적시면
훨씬 더 간편하고, 깔끔하게 만들 수
있답니다.

두부 약고추장 물방울롤 도시락

오렌지와 로즈메리
키위와 삶은 병아리콩
단백질 스낵

두부 약고추장 물방울롤

다이어트를 결심하고 나면
왜 그리 매운 요리가 생각나는 걸까요?
그 간절함을 달래기 위해 매콤한 약고추장을
만들었습니다. 고기 대신 두부를 더해
열량은 낮추면서, 든든함과 매콤함은
살렸지요. 두부 약고추장은
일주일 정도 냉장 보관할 수 있어요.

{ 재료 }
- 따뜻한 현미밥 1공기(200g)
- 달걀 2개
- 닭가슴살 슬라이스햄 2장
- 식용유 2작은술

두부 약고추장
- 시판 구운 두부 1/3모(50g)
- 고추장 1큰술
- 매실청 1큰술

오렌지와 로즈메리
- 오렌지 1/2개
  * 오렌지 예쁘게 썰기 27쪽
- 로즈메리 약간

단백질 스낵
* 단백질 스낵 만나기 19쪽

키위와 삶은 병아리콩
- 키위 1개
  * 키위 예쁘게 썰기 27쪽
- 삶은 병아리콩 1큰술
  * 병아리콩 삶기 25쪽

1
구운 두부는 볼에 담고 으깬 후
나머지 두부 약고추장 재료와 섞는다.

🫘 콩콩 tip
시판 구운 두부 대체하기
동량(50g)의 부침용 두부를
물기를 꼭 짠 후 사용해도 좋아요.

2
달걀은 흰자, 노른자를 각각 볼에 담아 푼다.

3
달군 팬에 식용유 1작은술을 두른 후
키친타월로 펴 바른다. 흰자를 넣어 펼쳐
약한 불에서 앞뒤로 각각 1분씩 구운 후
덜어둔다. 노른자도 같은 방법으로
구운 후 한김 식힌다.

4
모양틀로 달걀 지단을 찍어 모양을 낸다.

* 흰자, 노른자 지단을 겹쳐서 모양을 내면
더 빨리 만들 수 있어요.

5
④의 모양틀로 닭가슴살 슬라이스햄을
찍어 같은 모양을 만든다.

6
매직랩을 정사각형으로 자른 후 펼친다.
매직랩 가운데에 달걀 1/2분량과
햄 1/2분량을 조금씩 겹치며 번갈아가며
올린다. * 매직랩은 끈적이는 부분을
바깥쪽으로 두고 감싸세요.

7
⑥에 현미밥 1/2분량을 펼쳐 올린 후
①의 두부 약고추장 1/2분량을
가운데에 올린다.

8
매직랩으로 감싸듯이 만다.
양 끝을 돌돌 말아 사탕 모양으로 만든다.
같은 방법으로 1개 더 만든다.

소시지 하트 김밥 도시락

수박
바나나와 로즈메리
방울토마토

수박 1컵

소시지 하트 김밥

김밥에 치즈를 올린 거냐고요?
자세히 보세요. 김의 하트 속에
치즈가 숨겨진 거랍니다. 하트 모양 김펀치로
구멍을 내고 치즈를 올리면 간단하지만
센스 있는 모양의 김밥이 완성된답니다.

{ 재료 }
- 따뜻한 현미밥 1공기(200g)
- 닭가슴살 소시지 3개
- 슬라이스 치즈 1과 1/2장
- 김밥 김 1과 1/2장
- 깻잎 6장
- 식초 1/2큰술
- 참기름 1큰술
- 소금 약간

방울토마토 3개

바나나와 로즈메리
- 바나나 1/2개
- 로즈메리 약간

1
김 1장과 슬라이스 치즈는 1장은 2등분한다.
냄비에 소시지 데칠 물(2컵)을 끓인다.

2
3장의 김의 윗부분에 하트 모양 김펀치로
찍어 하트 구멍을 낸다.
* 김이 눅눅하면 구멍이 깔끔하게
나지 않고 찢어질 수 있어요.

3
①의 끓는 물(2컵)에 닭가슴살 소시지를
넣고 30~40초간 데친다.

4
볼에 현미밥, 식초, 참기름, 소금을 넣어
섞는다.

5
김의 하트 구멍 부분이 위로 향하도록 둔다.
④의 밥 1/3분량을
김의 2/3지점까지 펼친다.

6
밥에 깻잎 2장 → 닭가슴살 소시지 1개를
올린다. 하트 구멍 부분에 슬라이스
치즈 1장을 올린다. * 슬라이스 치즈는
냉장고에서 미리 꺼내두면 더 좋아요.
깻잎은 양옆으로 빠져 나가도 괜찮아요.

7
속재료를 꾹꾹 눌러가며 돌돌 만다.
같은 방법으로 2개 더 만든다.

콩콩 tip
다른 모양으로 만들기
다양한 모양의 김펀치(15쪽)를
사용해보세요. 하트뿐만 아니라
별, 네모 등 원하는 모양을 만들 수 있지요.

쌈무롤 도시락

삶은 달걀과 로즈메리
삶은 고구마와 에너지바

쌈무롤 도시락

집들이 단골 메뉴, 쌈무롤을 도시락에 활용해봤어요. 색감이 알록달록해서 딱일 것 같았거든요. 만들기는 또 얼마나 간편하게요. 쌈무를 2장씩 겹쳐 말면 재료를 더 많이 담을 수 있답니다.

{ 재료 }

- 쌈무 16장
- 노랑 파프리카 1/2개(100g)
- 주황 파프리카 1/2개(100g)
- 빨강 파프리카 1/2개(100g)
- 시판 완조리 닭가슴살 1/2팩(50g)
- 무순 1팩(50g)

삶은 달걀과 로즈메리

- 삶은 달걀 2개
  * 달걀 삶기 24쪽
- 로즈메리 약간

삶은 고구마와 에너지바

- 삶은 고구마 1/2개
  * 고구마 익히기 24쪽
- 에너지바 1/2개

1
파프리카는 0.5cm 두께로 채 썬다.

2
닭가슴살은 0.5cm 두께로 채 썬다.

3
쌈무는 물기를 꼭 짠다.
2장을 2~3cm 정도 겹친 후 펼친다.
* 쌈무는 크기가 큰 것을 추천해요.

4
쌈무의 겹친 지점에 파프리카,
닭가슴살, 무순을 1/8분량씩 올린다.
이때, 재료의 끝부분이 쌈무 밖으로
빠져 나오게 올린다.

5
쌈무의 오른쪽을 반으로 접은 위로
돌돌 만다. 같은 방법으로 7개 더 만든다.

6
속재료가 같은 방향을 향하도록
도시락에 담는다.

콕콕 tip
쌈무 사용하기

쌈무는 맛에 따라 색깔이 조금씩 달라요.
따라서 다양한 맛의 쌈무를 사용하면
도시락을 더 예쁘게 만들 수 있답니다.
와사비맛 쌈무로 초록색을, 치자맛 쌈무로
노란색을, 비트맛 쌈무로 빨간색을
더해보세요.

아보카도 에그롤 도시락

새우 샐러드
딸기
통깨 소스

새우 샐러드
- 어린잎 채소 1줌
- 자숙새우(또는 쉬림프링) 3마리

아보카도 에그롤

달걀에 녹말물을 더해 지단을 만들면 잘 찢어지지 않아 재료를 넣고 말기에 제격이에요. 돌돌 만 에그롤에 아보카도를 올려 김을 둘렀더니 고급 달걀초밥을 보는 것 같지 않나요?

{ 재료 }
- 아보카도 1/2개
- 달걀 3개
- 시판 완조리 닭가슴살 1/2팩(50g)
- 오이 1/4개(50g)
- 슬라이스 치즈 1과 1/2장
- 깻잎 3장
- 김밥 김 1/4장
- 녹말물(물 5큰술 + 감자전분 1작은술)
- 올리브유 1과 1/2큰술

통깨 소스
- 통깨 간 것 2큰술
- 하프 마요네즈 1큰술
- 양조간장 1작은술
- 꿀 1작은술
- 치아시드 약간

딸기 3개

1

볼에 달걀을 푼 후 녹말물을 섞는다.

*녹말물은 넣기 전에 한번 더 섞어요

2

체에 내린다.

*체에 내리면 식감이 더 부드러워져요.

3

달군 팬에 올리브유 1/2큰술을 두른 후 키친타월로 펴 바른다. 달걀물 1/3분량을 넣고 펼친다. 약한 불에서 앞뒤로 각각 1분씩 구운 후 한 김 식힌다.

4

같은 방법으로 2개 더 만든다.

5

오이, 닭가슴살은 0.5cm 두께로 채 썰고, 김은 1cm 두께로 3장을 자른다. 슬라이스 치즈 1장은 2등분한다.

6

아보카도는 칼이 씨에 닿도록 깊숙이 꽂은 후 360° 빙 돌려가며 칼집을 낸다.

7

비틀어 두 쪽으로 나눈 후 씨에 칼날을 꽂아 비틀어 뺀다. *남은 아보카도는 단면에 레몬즙 약간을 바른 후 랩으로 감싸 냉장 보관(2~3일)하세요.

8

껍질을 벗겨 가로로 0.5cm 두께로 썬다.

*아보카도 껍질은 손으로 벗기거나, 숟가락으로 과육을 떠서 분리해도 돼요.

9 달걀지단 1장에 오이, 닭가슴살 → 슬라이스 치즈 순으로 1/3분량씩 올린다. 이때, 달걀지단의 1/3지점에 올린다.

10 아랫부분을 접은 후 양옆을 안쪽으로 접어 돌돌 만다. 같은 방법으로 2개 더 만든다.

11 아보카도를 2개씩 올린 후 김으로 돌돌 만다.
＊달걀의 접힌 부분과 김의 이음매 부분이 바닥을 향하도록 하면 더 예뻐요.

12 깻잎으로 아랫부분을 감싼 후 도시락에 담는다.

콩콩tip
아보카도 고르고, 숙성 시키기

덜 익은 상태의 초록색 아보카도를 구입, 쌀통에 넣어서 직접 후숙시키는 것이 좋아요. 쌀통 깊숙이 넣어두면 사진과 같이 갈색을 띠는 초록색이 되면서 말랑해지는데요, 이때, 냉장실로 옮겨두면 그대로 2~3일 정도 숙성된 상태를 유지할 수 있답니다.

덜 익은 것 → 잘 익은 것 → 많이 익은 것

#콩콩도시락 콩콩이가 답한다!

도시락을 예쁘게 담는
핵심 노하우를 알려주세요!

#콩콩도시락

#알록달록

#곰손탈피

1_ 색깔은 보색대비 또는 깔 맞춤! 두 가지를 기억해요

두 가지 색이 함께 있을 때 더 뚜렷해 보이는 것을 보색대비라고 해요.
빨강과 청록, 노랑과 남색, 연두와 보라색이 바로 대표적인 보색대비이지요.
이를 강조해 도시락을 싸면 훨씬 화려하고 발랄한 느낌이 전달된답니다.
잎채소가 많이 들어간 그린 샐러드라면 자몽, 오렌지 같은 붉은 계열의 과일을 함께 담는 것이 좋고,
파인애플, 닭가슴살과 같이 노란색이 주재료라면 블루베리를 함께 더하는 식인 거죠.
또 하나는 바로 깔 맞춤. 비슷한 톤의 색끼리 함께 맞추는 걸 일컫는 말인데요,
차분한 느낌이 전해지는 장점이 있답니다.

2_ 데커레이션(일명 '뿌리링')을 적절히 활용해요

도시락의 마지막 화룡점정은 바로 데커레이션, 일명 '뿌리링'입니다.
보통 마지막에 뿌린다고 해서 제가 사용하는 단어예요.
뿌리링도 비슷한 색끼리 묶어서 준비하면 더 편하게 활용할 수 있지요.
카카오닙스, 치아시드, 검은깨는 검은색 계열, 코코넛 슬라이스, 햄프시드는 하얀색 계열,
애플민트, 로즈메리, 말린 허브가루는 초록색 계열, 크러시드페퍼는 빨간색 계열의 뿌리링이에요.
특히나 이 뿌리링 재료는 비교적 유통기한이 긴 편이니, 한번 구입해두면 자주 활용하기 좋아요.
＊ 뿌리링 더 자세히 만나기 22쪽

채소 가득 양배추롤 도시락

딸기 요거트
삶은 단호박과 삶은 병아리콩
매콤 소스

딸기 요거트
- 떠먹는 플레인 요구르트 1통(85g)
- 딸기 2개

채소 가득 양배추롤
채소를 가득 넣어 돌돌 만 양배추롤. 아삭한 식감뿐만 아니라 영양까지 꽉 찬 메뉴랍니다. 흔히 버리기 일쑤인 양배추의 두꺼운 줄기도 부드럽게 즐길 수 있도록 방법을 담았으니 꼭 활용해보세요.

{ 재료 }
- 양배추 3장(90g)
- 시판 완조리 닭가슴살 1/2팩(50g)
- 노랑 파프리카 1/2개(100g)
- 주황 파프리카 1/2개(100g)
- 빨강 파프리카 1/2개(100g)
- 적양배추 2장
  (손바닥 크기, 또는 양배추, 60g)

매콤 소스
- 스리라차 소스 2큰술
- 올리브유 1큰술
- 꿀 1/2큰술
- 햄프시드 약간

삶은 단호박과 삶은 병아리콩
- 삶은 단호박 1/8개 * 단호박 익히기 24쪽
- 삶은 병아리콩 1/2컵 * 병아리콩 삶기 25쪽
- 로즈메리 약간

1

파프리카, 적양배추는 0.5cm 두께로 채 썬다. 닭가슴살은 비슷한 크기로 썬다.

2

양배추를 위생팩에 넣어 묶은 후 포크로 구멍을 뚫는다.

✱ 양배추는 크기가 넓은 겉잎을 사용하는 것이 좋아요.

3

전자레인지에 2~3분간 익힌 후 찬물에 담가 식힌다.

✱ 양배추는 김이 오른 찜기에 넣어 중간 불에서 7~8분간 쪄도 좋아요.

4

양배추를 1장씩 펼친 후 두꺼운 줄기 부분을 고기망치(또는 칼등)로 두드린다.

5

양배추에 파프리카 → 적양배추 → 닭가슴살을 1/3분량씩 올린다.

6

양배추의 아랫부분을 접어 올린 후 양옆을 안쪽으로 접어 돌돌 만다. 같은 방법으로 2개 더 만든다.

7

매직랩을 정사각형으로 자른 후 펼친다. 양배추롤을 올려 감싼다. 2등분한 후 도시락에 담는다.

✱ 매직랩은 끈적이는 부분을 바깥쪽으로 두고 감싸세요.

연어 아보카도 깻잎롤 도시락

방울토마토와 블루베리
바나나와 카카오닙스
파프리카

방울토마토와 블루베리
- 방울토마토 4개
- 블루베리 7알

연어 아보카도 깻잎롤

아보카도는 칼로리가 높은 편이지만, 몸에 이로운 식물성 지방이므로 많이 먹지만 않으면 괜찮아요. 선홍색 연어와 초록색의 아보카도가 만나면 그야말로 예쁜 롤이 되지요. 두 색깔 조합이 입맛까지 돋울 거예요.

{ 재료 }
- 연어 슬라이스(또는 연어회) 150g
- 아보카도 1개
- 라이스페이퍼 3장
- 치커리 6장
- 슬라이스 치즈 1과 1/2장
- 깻잎 3장

파프리카 1/2개

바나나와 카카오닙스
- 바나나 1/2개
- 카카오닙스 1큰술

1
치커리는 2등분한다.
슬라이스 치즈 1장은 2등분한다.

2
아보카도는 칼이 씨에 닿도록
깊숙이 꽂은 후 360° 빙 돌려가며
칼집을 낸다.

3
비틀어 두 쪽으로 나눈 후
씨에 칼날을 꽂아 비틀어 뺀다.

4
손으로 껍질을 벗긴 후 0.5cm 두께로 썬다.
*아보카도 껍질은 손으로 벗기거나,
숟가락으로 과육을 떠서 분리해도 돼요.

콩콩tip
아보카도 고르고, 숙성 시키기 52쪽

5
연어는 아보카도 크기에 맞춰 썬다.

6
라이스페이퍼 1장을 도마에 올린다.
스프레이 용기에 미지근한 물을 담은 후
전체적으로 충분히 뿌려 적신다.

7
라이스페이퍼의 아랫부분에
치커리 → 슬라이스 치즈를 1/3분량씩
올린다. 윗부분에는 연어, 아보카도를
1/3분량씩 교차하며 올린다.

8
아랫부분의 라이스페이퍼를 조금 접는다.
치커리, 슬라이스치즈를 위로 올려
연어, 아보카도 위로 덮듯이 접는다.
돌돌 만 후 깻잎으로 한 쪽을 감싼다.
같은 방법으로 2개 더 만든다.

치팸 두부 무스비 도시락

파인애플 샐러드
닭가슴살과 크러시드페퍼
방울토마토

파인애플 샐러드
- 어린잎 채소 1줌
- 파인애플 링 1/2개
- 치아시드 약간

치팸 두부 무스비

도시락 반찬의 대표주자 통조림 햄. 하지만 다이어트를 할 때에는 한 조각 먹기도 무섭지요. 이런 분들을 위해 준비한 것이 바로 닭가슴살로 만든 치팸입니다. 치팸, 밥, 두부를 더하면 건강 '무스비'가 완성된답니다.

{ 재료 }
- 따뜻한 현미밥 1공기(200g)
- 통조림 닭가슴살 햄 1/2캔(100g)
- 시판 구운 두부 1모(150g)
- 김밥 김 1/2장
- 참기름 1큰술
- 통깨 약간

방울토마토 2개

닭가슴살과 크러시드페퍼
- 시판 완조리 닭가슴살 1/2팩(50g)
- 크러시드페퍼 약간

1
김은 1.5cm 두께로 잘라 6장을 만든다.
냄비에 닭가슴살 햄 데칠 물(3컵)을 끓인다.

2
닭가슴살 햄은 1cm 두께로 썬다.
구운 두부는 닭가슴살 햄과
비슷한 크기로 썬다.

3
①의 끓는 물(3컵)에 닭가슴살 햄을 넣어
40초간 데친 후 물기를 없앤다.

4
볼에 현미밥, 참기름, 통깨를 섞는다.

5
밥을 6등분해 ②의 재료와 비슷한 크기로
네모 납작하게 만든다.

6
닭가슴살 햄 → 밥 → 구운 두부 순으로
올린 후 김을 가운데에 둘러 고정시킨다.
같은 방법으로 5개 더 만든다.

＊김의 이음매 부분이 바닥을 향하도록
도시락에 담으세요.

콩콩tip

치팸
닭가슴살로 만든 통조림 햄이에요.
상대적으로 열량이 낮고, 단백질이
풍부해서 많이 활용하지요.
굽네몰에서 주로 구입해요.

시판 구운 두부 대체하기
구워져 나온 시판 구운 두부예요.
라라스팜에서 구입 가능하지요.
구운 두부 대신 동량(150g)의 부침용 두부를
기름 없이 구워서 사용해도 좋아요.

파프리카 가득 케일롤 도시락

닭가슴살 볼 샐러드
삶은 고구마와 검은깨
땅콩 소스

닭가슴살 볼 샐러드
- 어린잎 채소 1줌
- 시판 닭가슴살 볼 4개
- 크러시드페퍼 약간

파프리카 가득 케일롤

쥬스용 케일은 일반 쌈용 케일보다 크기가 크고 식감이 부드러워 롤에 아주 적합한 재료예요. 케일은 데친 후 1장씩 냉동 보관해두면 더 간편하게 사용할 수 있답니다.

{ 재료 }
- 케일(쥬스용) 3장
- 시판 완조리 닭가슴살 1/2팩(50g)
- 노랑 파프리카 1/2개(100g)
- 주황 파프리카 1/2개(100g)
- 빨강 파프리카 1/2개(100g)
- 오이 1/2개(100g)
- 슬라이스 치즈 1과 1/2장

땅콩 소스
- 레몬즙 1큰술
- 양조간장 1/2큰술
- 땅콩버터 1큰술
- 로즈메리 약간

삶은 고구마와 검은깨
- 삶은 고구마 1/2개
  * 고구마 익히기 24쪽
- 검은깨 약간

 김밥 & 롤

1

파프리카, 오이는 0.5cm 두께로 채 썬다.
닭가슴살은 비슷한 크기로 썬다.

2

케일을 위생팩에 넣어 묶은 후 포크로 구멍을 뚫는다.

3

전자레인지에 30~40초간 익힌 후 찬물에 담가 식힌다.
*케일은 김이 오른 찜기에 넣어 중간 불에서 5분간 쪄도 좋아요.

4

케일을 1장씩 펼친 후 두꺼운 줄기 부분을 고기망치(또는 칼등)로 두드린다.

5

케일의 아랫부분에 슬라이스 치즈 → 파프리카 → 오이 → 닭가슴살을 1/3분량씩 올린다.

6

케일의 아랫부분을 접어 올린 후 양옆을 안쪽으로 접어 돌돌 만다.
같은 방법으로 2개 더 만든다.

7

매직랩을 정사각형으로 자른 후 펼친다.
케일롤을 올려 감싼다.
2등분한 후 도시락에 담는다.
*매직랩의 끈적이는 부분을 바깥쪽으로 두고 감싸세요.

후무스 또띠야롤 도시락

닭가슴살 샐러드
삶은 단호박

후무스 또띠야롤

고소한 후무스를 또띠야에 넣고 돌돌 말았어요. 여기에 색색의 방울토마토를 올려 상큼함을 더했지요. 다소 심심할 수 있는 맛은 토마토가, 식감은 당근이 잡아 준답니다. 후무스는 냉장 3일 보관 가능해요.

{ 재료 }
- 통밀 또띠야(20cm) 2장
- 당근 1/2개(길이로 준비할 것, 100g)
- 방울토마토(색깔별로) 6개

후무스
- 삶은 병아리콩 1컵(180g, 삶기 전 80g)
  * 병아리콩 삶기 25쪽
- 마늘가루 1/2큰술
  (또는 다진 마늘 1작은술)
- 큐민가루 1/4큰술
  (또는 카레가루)
- 레몬즙 3큰술
- 올리브유 3큰술
- 생수 1/2컵(100㎖)

닭가슴살 샐러드
- 어린잎 채소 1/2줌
- 시판 완조리 닭가슴살 1/2팩(50g)
- 치아시드 약간

삶은 단호박 1/8개
* 단호박 익히기 24쪽

1
당근은 1cm 두께로 길게 썰어 4개를 만든다.
방울토마토는 2등분한다.

2
믹서에 후무스 재료를 넣고 곱게 간다.

3
달군 팬에 또띠야 1장을 올린 후
약한 불에서 앞뒤로 각각 30초씩 굽는다.
같은 방법으로 1장 더 굽는다.

4
또띠야에 ②의 후무스 1/2분량을
펴 바른 다음 당근 2개를 올린다.

5
또띠야를 돌돌 만다.
같은 방법으로 1개 더 만든다.

6
매직랩을 정사각형으로 자른다.
또띠야를 올려 감싼 후 6등분한다.
* 매직랩은 끈적이는 부분을
바깥쪽으로 두고 감싸세요.

7
도시락에 담은 후 방울토마토를 올린다.
* 방울토마토는 색깔이 겹치지 않게
올리면 더 예뻐요.

콩콩 tip

후무스

삶은 병아리콩이 주재료인 중동의 소스예요.
고소하고 담백한 맛 덕분에
크래커나 빵, 채소를 찍어 먹거나
샌드위치 속재료로 많이 활용하지요.
완제품도 판매하지만 직접 만들어 두면
3일간 냉장 보관할 수 있어요.

콩콩 스토리

둘이 만나 하나가 되는 **부부의 날**, 하트 소시지 주먹밥 도시락

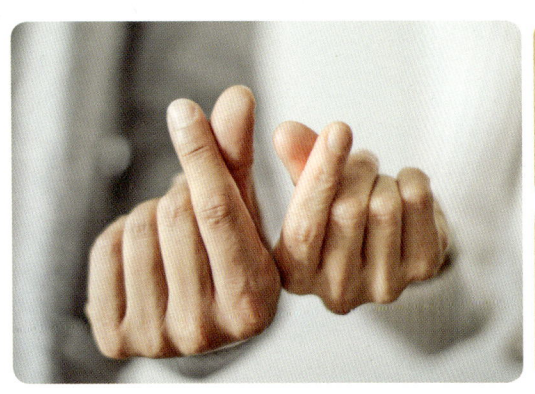

> ❝두 손가락을 맞대 한 개의 하트 모양이 완성되는 것처럼,
> 부부도 서로 다른 둘이 만나 하나가 되는 것이 아닐까요?❞

요즘은 머리 위로 팔을 올리지 않고 엄지와 검지로 하트를 만드는 게 유행이래요. 일명 '손가락 하트'.
도시락에도 손가락 하트처럼 귀여운 주먹밥을 담아볼까요?
소시지를 어슷하게 썰어 붙이기만 하면 하트 모양이 완성된답니다.

생각해보니 | 부부도 소시지 하트와 비슷한 점이 있네요.
서로 다른 두 사람이 각자의 모습을 조금씩 깎고, 붙이며 맞춰가는 것 말이지요.
하트 소시지 주먹밥 도시락을 만들어 소중한 사람에게 선물하고 싶은 욕구가 마구 샘솟나요?
그렇다면 여러분은 세상 모든 행복을 가진 거나 다름없답니다.

하트 소시지 주먹밥 도시락

하트 소시지 주먹밥

- 따뜻한 현미밥 1공기(200g)
- 닭가슴살 비엔나 소시지 5개
- 김밥 김 1/2장

곤약볶이

- 묵곤약 100g
- 사각 어묵 1장(100g)
- 양배추 3장(손바닥 크기, 90g)
- 새송이버섯 1/2개
  (또는 다른 버섯, 40g)
- 대파 10cm
- 당근 1/4개(50g)
- 삶은 달걀 1개
  * 달걀 삶기 24쪽
- 말린 허브가루 약간

양념
- 설탕 1/2큰술
- 고추장 1큰술
- 시판 볶음장 1큰술
  * 추천 제품 청정원 만능 볶음장
  (또는 두부 약고추장 106쪽)
- 올리고당 1큰술
- 물 1과 1/2컵(300㎖)

바나나와 카카오닙스

- 바나나 1/5개
- 카카오닙스 약간

1_ 끓는 물(1컵)에 묵곤약, 닭가슴살 비엔나 소시지를 넣고 1분간 데친다.

2_ 묵곤약, 어묵, 양배추, 새송이버섯은 사방 2cm 크기로 썬다.

3_ 대파는 어슷 썰고, 당근은 0.5cm 두께로 채 썬다.

4_ 냄비에 양념을 넣고 끓어오르면 묵곤약, 양배추, 새송이버섯, 당근을 넣어
중간 불에서 5분, 어묵, 대파를 넣어 저어가며 10분간 끓인 후 불을 끈다.

5_ 김은 2cm 두께로 5장 자른다.

6_ 닭가슴살 비엔나 소시지는 어슷하게 썬다. 하트 모양으로 붙인 후 스파게티로 고정시킨다.
  * 스파게티는 먹기 전에 꼭 제거하세요.

7_ 랩을 펼친다. ⑥의 소시지 → 현미밥 1/5분량을 동그랗게 만들어 랩의 가운데에 올린다.

8_ 랩을 감싸 동그랗게 만든 후 랩을 벗긴다. 주먹밥의 가장자리를 김으로 감싼 후 도시락에 담는다.

9_ ④의 곤약볶이를 담은 후 삶은 달걀을 2등분해서 올리고 말린 허브가루를 뿌린다.
바나나와 카카오닙스를 빈 칸에 담는다.

"다이어트 집중 기간이라면 샐러드 도시락을 활용하세요.
다른 어떤 도시락보다 푸짐한데, 열량은 현저히 낮게 즐길 수 있어요.
단, 한 가지 명심해야 하는데요, 바로 소스나 드레싱은 뿌리지 말고 찍어 먹어야 해요.
그래야 더 건강하고, 더 가볍게 먹을 수 있거든요.
또 하나, 다이어트 기간에 제일 그리운 면을 함께 소개합니다.
대신 밀가루 면이 아닌 두부, 채소를 활용한 면이에요. 두부면은 시판 제품을,
채소면은 채소를 길고 얇게 썰 수 있는 도구(13쪽)만 준비하면 누구나 만들 수 있지요."

PART 4

샐러드 & 면

아보카도 소스 감자국수 도시락

파프리카 샐러드
키위
닭가슴살 큐브

아보카도 소스 감자국수

다이어트 최대의 적은 밀가루.
저희 남편도 다이어트할 때 가장
끊기 어려웠던 것이 면이라고 하더군요.
그래서 준비한 100% 채소면입니다.
감자로 만든 면이라 건강한
포만감이 느껴진답니다.

{ 재료 }

- 감자 2개(400g)
- 적양파 1/4개(또는 양파, 50g)
- 애플민트 약간

아보카도 소스

- 아보카도 1/2개(손질 후 80g)
- 홀그레인 머스터드 1큰술
- 올리브유 2큰술

파프리카 샐러드
- 어린잎 채소 1줌
- 파프리카 1/4개

닭가슴살 큐브 3개
* 닭가슴살 큐브 만나기 16쪽

키위 1/2개
* 키위 예쁘게 썰기 27쪽

1
감자는 스파이럴라이저로 가늘게 채 썬다.
냄비에 감자 데칠 물(3컵) + 소금(약간)을
끓인다. * 채칼이나 칼로 가늘게 채 썰어도
좋아요.

2
감자는 찬물에 10분간 담가둔다.
* 물에 담가두면 감자의 전분이 없어져
더 아삭하게 즐길 수 있어요.

3
적양파는 가늘게 채 썬 후 찬물에
10분간 담가둔다. 키친타월로 감싸
물기를 완전히 없앤다.

4
①의 끓는 물(3컵)에 감자를 넣고
중간 불에서 2~3분간 아삭하게 데친다.
헹군 후 키친타월로 감싸 물기를 없앤다.
* 너무 오래 데치면 감자가 뭉개지므로
아삭할 정도로만 살짝 데치세요.

콩콩 tip
아보카도 고르고, 숙성 시키기 52쪽

5
아보카도는 칼이 씨에 닿도록
깊숙이 꽂은 후 360° 빙 돌려가며
칼집을 낸다.

6
비틀어 두 쪽으로 나눈 후
씨에 칼날을 꽂아 비틀어 뺀다.
* 남은 아보카도는 단면에
레몬즙 약간을 바른 후 랩으로 감싸
냉장 보관(2~3일)하세요.

7
껍질을 벗겨 볼에 담고 포크로 으깬 후
나머지 아보카도 소스와 섞는다.
* 아보카도 껍질은 손으로 벗기거나,
숟가락으로 과육을 떠서 분리해도 돼요.

8
⑦의 볼에 감자를 넣고 버무린다.
도시락에 적양파, 감자국수, 애플민트를
올린다. * 레몬즙을 스프레이 용기에 담아
마지막에 약간 뿌려주면 아보카도의
색깔이 변하는 것을 막을 수 있어요.

토마토 소스 구운 채소샐러드 도시락

바나나와 카카오닙스
통밀 모닝빵
청포도

토마토 소스 구운 채소샐러드

닭가슴살을 더한 토마토 소스를 구운 채소와 함께 먹어보세요. 채소를 구우면 단맛이 올라가 더 맛있지요. 참, 토마토 소스는 칼로리를 고려해 '부먹' 이 아닌 '찍먹'을 권해요.

{ 재료 }
- 애호박 1/2개(135g)
- 당근 1/2개(100g)
- 가지 1/2개(75g)
- 올리브유 1과 1/2큰술
- 로즈메리 약간
- 소금 약간

토마토 소스
- 시판 토마토 스파게티 소스 1/2컵(100㎖)
- 시판 완조리 닭가슴살 1/2팩(50g)
- 양파 1/4개(50g)
- 올리브유 1/2큰술

바나나와 카카오닙스
- 바나나 1/2개
- 카카오닙스 1큰술

청포도 4개

통밀 모닝빵 1개
*통밀 제품 만나기 19쪽

샐러드 & 면

1
애호박, 당근, 가지는
0.5cm 두께로 동그랗게 썬다.

2
닭가슴살, 양파는 한입 크기로 썬 후
차퍼에 넣고 잘게 다진다.
✱ 칼로 잘게 다져도 좋아요.

3
달군 팬에 올리브유 1과 1/2큰술,
①, 소금을 넣어 중간 불에서 뒤집어가며
7~8분간 노릇노릇하게 구워 덜어둔다.
✱ 마지막 1~2분은 뚜껑을 덮고
구워도 좋아요.

4
팬을 다시 달군 후 올리브유 1/2큰술,
②를 넣어 중약 불에서 5분간 볶는다.

5
시판 토마토 스파게티 소스를 넣어
2분간 볶는다.

6
도시락에 애호박, 당근, 가지를
번갈아가며 둥글게 담는다.

7
가운데에 토마토 소스를 담고,
로즈메리로 장식한다.

콩콩 tip
채소 대체하기
애호박, 당근, 가지를 한 종류만
사용하거나 피망, 파프리카, 주키니,
양파 등으로 대체해도 좋아요.
단, 이때 총량이 300g이 되도록 하세요.

두부 카프레제 도시락

구운 방울양배추와 방울토마토
리코타 치즈 샐러드
발사믹 드레싱

구운 방울양배추와 방울토마토
- 방울양배추 2개
- 방울토마토 3개
- 올리브유 약간

두부 카프레제

카프레제는 토마토, 모짜렐라 치즈, 바질 등을 넣은 이탈리아풍 샐러드예요. 다이어트에 치즈가 부담스럽다고요? 그래서! 단백질 가득한 두부로 만들었지요.

{ 재료 }
- 토마토 1개(150g)
- 시판 구운 두부 1/2모(75g)
- 블랙올리브 3~4개

발사믹 드레싱
- 발사믹크림 1큰술
- 레몬즙 1큰술
- 올리브유 1큰술
- 허브맛소금 약간
- 말린 바질가루 약간

리코타 치즈 샐러드
- 어린잎 채소 1줌
- 리코타 치즈 1큰술
- 치아시드 약간

샐러드 & 면

1
토마토는 2등분한 후 1cm 두께로 썬다.

2
구운 두부는 1cm 두께로 썬다.

콩콩tip
시판 구운 두부 대체하기
구워져 나온 시판 구운 두부예요.
라라스팜에서 구입 가능하지요.
구운 두부 대신 동량(75g)의 부침용 두부를
기름 없이 구워서 사용해도 좋아요.

3
블랙올리브는 0.3cm 두께로 썬다.

4
도시락에 토마토 → 두부 순으로 세워
담은 후 블랙올리브를 올린다.

1
구운 방울양배추와 방울토마토
방울양배추는 2등분한다. 달군 팬에
올리브유, 방울양배추, 방울토마토를 넣어
약한 불에서 1~2분간 굽듯이 볶는다.

또띠야컵 고구마샐러드 도시락

방울토마토 샐러드
닭가슴살 샐러드

방울토마토 샐러드
- 어린잎 채소 1줌
- 방울토마토 3개

또띠야컵 고구마샐러드

부드러운 고구마샐러드를 또띠야컵에 담아보세요. 컵 그대로 베어 먹기도, 고구마샐러드를 먼저 먹고 또띠야만 간식처럼 즐겨도 좋답니다. 샐러드에는 견과류를 넣어 고소함까지 더했어요.

{ 재료 }
- 통밀 또띠야(20cm) 2장
- 삶은 고구마 2개(400g)
  *고구마 익히기 24쪽
- 삶은 달걀 1개
  *달걀 삶기 24쪽
- 아몬드 10알 + 4알
- 떠먹는 플레인 요구르트 2큰술

닭가슴살 샐러드
- 어린잎 채소 1줌
- 시판 완조리 닭가슴살 1/2팩(50g)
- 치아시드 약간

샐러드 & 면

1

아몬드 10알을 차퍼에 넣고 잘게 다진다.

* 칼, 푸드프로세서로 잘게 다져도 좋아요.

2

삶은 고구마, 삶은 달걀을 매셔(또는 포크)로 곱게 으깬다.

* 고구마는 뜨거울 때 잘 으깨져요.

3

떠먹는 플레인 요구르트, ①의 아몬드를 넣고 섞는다.

4

또띠야는 지름 5~7cm 크기의 동그란 모양틀로 찍어 4개를 만든다.

* 가위로 잘라도 좋아요.

5

스쿱으로 ③을 동그랗게 만들어 또띠야에 하나씩 올린다.

* 숟가락 2개를 이용해서 동그랗게 만들어도 좋아요.

6

또띠야를 오므려 재료를 감싼다. 이때, 또띠야를 조금씩 꼭꼭 꼬집어 모양을 만든다.

* 또띠야가 서로 잘 붙지 않을 때는 물을 살짝 묻히세요.

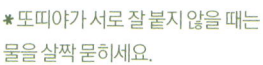

7

아몬드를 1알씩 가운데에 꽂는다.

면두부 오이말이 도시락

삶은 고구마
삶은 달걀과 크러시드페퍼
초고추장 소스

초고추장 소스
- 초고추장 2큰술
- 매실청 1큰술
- 설탕 1작은술
- 통깨 약간

삶은 고구마 1/2개
* 고구마 익히기 24쪽

면두부 오이말이
밥보다 면을 더 좋아하는 남편을 위해 밀가루 면을 대체할만한 것이 없나 찾다가 알게 된 것이 바로 면두부예요. 단단한 두부를 면처럼 얇고 길게 썬 제품이지요. 호로록~ 소리는 안 나지만 꼭꼭 씹을수록 고소한 맛을 제대로 즐길 수 있어요.

{ 재료 }
- 시판 면두부 1팩(80g)
- 오이 1개(200g)
- 검은깨 약간

삶은 달걀과 크러시드페퍼
- 삶은 달걀 2개
  * 달걀 삶기 24쪽
- 크러시드페퍼 약간

1 오이는 필러로 얇고 길게 썰어 8장을 만든다.

2 면두부는 씻은 후 체에 밭쳐 물기를 없앤다.

3 면두부를 자르지 않은 상태에서 8등분한다.

4 오이로 면두부를 감싸듯이 돌돌 만 다음 도시락에 담는다.

5 초고추장 소스, 검은깨를 번갈아가며 면두부에 올린다. ✱ 젓가락을 이용해 소스를 콕콕 찍어 올리면 더 편하답니다.

콩콩tip
면두부 대체하기

쫄깃한 식감이 좋은 면발 형태의 두부예요. 검색창에 면두부를 검색하면 다양한 브랜드의 제품을 만날 수 있지요. 종이처럼 생긴 쌈두부를 얇게 썰어서 활용해도 좋아요.

새우 과카몰리 도시락

삶은 고구마와 검은깨
수박과 블루베리
핏콩 큐브

새우 과카몰리

과카몰리는 잘 익은 아보카도만 있으면 집에서도 손쉽게 만들 수 있는 멕시코 소스예요. 크리미하고 부드러운 과카몰리지만, 식감이 아쉽다면 양배추를 섞어 보세요. 완벽한 샐러드가 된답니다.

{ 재료 }
- 아보카도 1/2개(손질 후 80g)
- 양배추 1/4개
- 자숙새우(또는 쉬림프링) 10마리
- 시판 완조리 닭가슴살 1/4팩(25g)
- 삶은 달걀 1개
  *달걀 삶기 24쪽
- 레몬즙 2큰술 + 약간
- 허브맛소금 약간
- 크러시드페퍼 약간

삶은 고구마와 검은깨
- 삶은 고구마 1/2개
  *고구마 익히기 24쪽
- 검은깨 약간

핏콩 큐브 3개
*구입처 핏콩

수박과 블루베리
- 수박 1컵
- 블루베리 7~8알

1
양배추는 필러로 가늘게 채 썬다.
* 채칼이나 칼로 가늘게 채 썰어도 좋아요.

2
닭가슴살은 0.5cm 두께로 채 썬다.

3
아보카도는 칼이 씨에 닿도록 깊숙이 꽂은 후 360° 빙 돌려가며 칼집을 낸다.

콩콩tip
아보카도 고르고, 숙성 시키기 52쪽

4
비틀어 두 쪽으로 나눈 후 씨에 칼날을 꽂아 비틀어 뺀 다음 껍질을 벗긴다.
* 아보카도 껍질은 손으로 벗기거나, 숟가락으로 과육을 떠서 분리해도 돼요. 남은 아보카도는 단면에 레몬즙 약간을 바른 후 랩으로 감싸 냉장 보관(2~3일)하세요.

5
볼에 아보카도, 삶은 달걀을 넣고 포크로 으깬다

6
⑤의 볼에 양배추, 허브맛소금, 레몬즙 2큰술을 넣어 버무린다.

7
도시락에 ⑥을 펼쳐 넣는다. 자숙새우를 둘러 담고 닭가슴살을 가운데에 넣은 후 크러시드페퍼를 뿌린다.

8
레몬즙 약간을 아보카도 쪽에 뿌린다.
* 레몬즙을 뿌리면 아보카도의 색이 변하는 것을 막을 수 있어요. 레몬즙은 스프레이 용기에 담아 사용하면 더 편하고, 골고루 뿌릴 수 있어요.

아보카도 망고 푸실리 도시락

삶은 달걀과 크러시드페퍼
삶은 단호박과 병아리콩
현미볼

삶은 달걀과 크러시드페퍼
- 삶은 달걀 2개
  * 달걀 삶기 24쪽
- 크러시드페퍼 약간

아보카도 망고 푸실리

상큼한 망고는 고소한 아보카도와 색깔뿐만 아니라 맛의 조합도 완벽한 궁합을 자랑해요. 별다른 소스 없이 올리브유와 레몬즙, 소금만으로도 맛이 참 좋지요. 떠먹는 재미가 있는 샐러드랍니다.

{ 재료 }
- 아보카도 1/2개(손질 후 80g)
- 망고 1/2개(손질 후 100g)
- 통밀 푸실리 100g
- 시판 완조리 닭가슴살 1/3팩(약 30g)
- 방울토마토 5개
  (또는 토마토 1/2개, 75g)
- 레몬 슬라이스 5개
- 블랙올리브 3개
- 로즈메리 약간

드레싱
- 레몬즙 2큰술
- 올리브유 1큰술
- 허브맛소금 약간

현미볼 1~2개
* 구입처 다신샵

삶은 단호박과 병아리콩
- 삶은 단호박 1/8개
  * 단호박 익히기 24쪽
- 삶은 병아리콩 3큰술
  * 병아리콩 삶기 25쪽

1
망고는 가운데 씨를 기준으로 양 옆을 두툼하게 썬다.

2
1cm 간격으로 우물 정(#) 자로 칼집을 넣은 후 숟가락으로 과육을 분리한다.

3
아보카도는 칼이 씨에 닿도록 깊숙이 꽂은 후 360° 빙 돌려가며 칼집을 낸다.

4
비틀어 두 쪽으로 나눈 후 씨에 칼날을 꽂아 비틀어 뺀다.
* 남은 아보카도는 단면에 레몬즙 약간을 바른 후 랩으로 감싸 냉장 보관(2~3일)하세요.

5
1cm 간격으로 우물 정(#) 자로 칼집을 넣은 후 숟가락으로 과육을 분리한다.

콕콕tip
아보카도 고르고, 숙성 시키기 52쪽

6
방울토마토는 4등분하고 블랙올리브는 얇게 썬다.

7
닭가슴살은 사방 1cm 크기로 썬다.
냄비에 통밀 푸실리 데칠 물(3컵)을 끓인다.

8
볼에 드레싱을 섞는다.
아보카도, 망고, 닭가슴살,
방울토마토, 블랙올리브를 넣어 버무린다.

9
⑦의 끓는 물(3컵)에 통밀 푸실리를 넣고
10분간 삶는다. 찬물에 헹군 다음
체에 받쳐 물기를 뺀다.

10
⑧을 도시락의 가장자리에 둘러 담은 후
레몬 슬라이스로 공간을 분리한다.

11
가운데에 통밀 푸실리를 담고 로즈메리를
올린다. *레몬은 먹기 전에 즙을 살짝
뿌려도 좋아요.

콩콩 tip
통밀 푸실리
푸실리는 파스타 면의 한 종류로
돌돌 말린 나사 모양처럼 생겼어요.
통밀 푸실리를 활용하면
일반 파스타면보다 더 담백한
맛이 나며 더불어 칼로리 부담을
줄일 수 있답니다. 다른 통밀 쇼트 파스타로
대체해도 좋아요.

Q A
#콩콩도시락
콩콩이가 답한다!

다이어트 음식은 참 맛이 없어요.
그래서 먹기 싫을 때가 너무 많고요.
좋은 해결책 없을까요?

#작심하루

#다이어트음식

#맛없다

흔히들 아는 저탄수화물, 고단백질, 저염과 같은 무리한 식단은 다이어트를 빨리 포기하게 하는
지름길 같아요. 맛도 없고요. 콩콩도시락은 이 모든 억압에서 벗어나기 위해 애썼지요.
덕분에 콩콩도시락의 주인공인 남편도 맛있게 먹고, 다이어트에도 성공했답니다.

1_ 맛없는 거 많이 말고, 맛있게 조금 먹으세요
이야기한 대로 너무 자제된 다이어트 식단은 결심을 작심 하루로 만들어버립니다.
저는 적정선을 지켜 맛있게 만들면서, 양을 조절하려고 했어요.

2_ 소스나 드레싱을 곁들이되 최소의 양, 그리고 꼭 찍어 먹도록 하세요
허브맛소금, 타마고 간장 등의 시판 소스는 적은 양만으로도 요리의 감칠맛과 간을 잡아줘요.
그래서 조금씩 사용하는 것을 권합니다. 또 샐러드의 필수품인 드레싱! 물론 먹지 않는 것이
가장 좋겠지만 그럼 너무 맛이 없어서 다이어트의 지속성이 떨어지게 돼요.
드레싱이나 소스는 곁들이되, 콕콕 찍어 먹는 일명 '찍먹'으로 즐기면서 양을 조절하세요.
＊시판 소스 & 양념 더 자세히 만나기 20쪽

3_ 시판 제품을 활용하세요
저 역시 일을 하고, 어린 두 아들도 키우다 보니 재료 손질이 번거롭거나 손이 많이 가는
다이어트 음식을 만드는 건 참 힘들더라고요. 그래서, 시판 제품을 많이 이용한답니다.
적당한 염분과 향을 첨가한 소시지, 스테이크, 닭가슴살 등이 그런 친구들인데요,
다행히도 비교적 건강하게, 맛있게 나와서 아주 유용하게 활용하고 있어요.
자주 구매하다 보니 어떤 제품이 좋은지, 내 입맛에 맞는지 고르는 요령도 생겼고요.
＊시판 제품 더 자세히 만나기 16쪽

자몽꽃 샐러드 도시락

삶은 달걀
닭가슴살 볼과 크러시드페퍼
발사믹 드레싱

삶은 달걀 2개
*달걀 삶기 24쪽

자몽꽃 샐러드

자몽은 칼로리가 낮고 비타민 함량이 높으면서도 체내 불필요한 지방을 연소시켜주는 다이어트 대표 과일이에요. 자몽의 신맛과 쓴맛이 싫다며 거부하던 남편도 알맹이만 쏙! 손질해주니 점점 자몽의 매력에 빠져들더라고요.

{ 재료 }
- 자몽 1개(450g)
- 어린잎 채소 3줌(60g)
- 노랑 방울토마토 1개

발사믹 드레싱
- 레몬즙 1큰술
- 발사믹크림 1큰술
- 올리브유 1큰술
- 허브맛소금 약간

닭가슴살 볼과 크러시드페퍼
- 시판 닭가슴살 볼 4개
- 크러시드페퍼 약간

1

자몽은 양 끝을 제거한다.

2

자몽은 돌려가며 껍질을 도려내듯 벗긴다.

3

속껍질 옆에 칼을 넣어 과육만 발라낸다.

4

도시락에 어린잎 채소를 담고
자몽을 빙 둘러가며 꽃처럼 올린다.

5

가운데에 방울토마토를 올린다.

콩콩 tip

자몽 대체하기

자몽 대신 동량(1개)의 주황빛의 오렌지, 초록빛의 스위티, 노란 메로골드 자몽으로 대체해도 좋아요. 자몽과는 또 다른 느낌의 도시락이 된답니다.

볶음 주키니면 도시락

삶은 단호박과 딸기
현미볼
블루베리

삶은 단호박과 딸기
- 삶은 단호박 1/8개
  * 단호박 익히기 24쪽
- 딸기 2개

볶음 주키니면
해외 다이어터 식단에서 많이 볼 수 있는 주키니. 애호박과 비슷하지만 맛은 더 달콤하고, 식감은 더 탱글탱글해요. 덕분에 채소면으로 많이 활용되는 채소 중 하나랍니다.

{ 재료 }
- 주키니 1개(400g)
- 방울토마토 4개
- 닭가슴살 소시지 1개
- 생새우살 4마리(킹 사이즈, 60g)
- 올리브유 1과 1/2큰술 + 1/2큰술
- 마늘 2쪽
- 바질 페스토 1큰술
- 소금 약간

블루베리 10알

현미볼 2개
* 구입처 다신샵

샐러드 & 면

1
주키니는 스파이럴라이저로 가늘게 채 썬다.
*채칼이나 칼로 가늘게 채 썰어도 좋아요.

2
마늘은 얇게 편 썬다. 닭가슴살 소시지는 1cm 간격으로 칼집을 낸다.

3
달군 팬에 올리브유 1과 1/2큰술, 마늘을 넣고 중간 불에서 1분간 볶는다.

4
주키니를 넣고 2분간 볶는다.

5
방울토마토, 바질 페스토, 소금을 넣고 약한 불에서 1분간 볶은 다음 덜어둔다.

6
⑤의 팬을 닦고 다시 달군다. 올리브유 1/2큰술, 닭가슴살 소시지, 새우를 넣어 중간 불에서 1~2분간 뒤집어가며 굽는다.

7
⑤의 주키니를 도시락에 담은 후 닭가슴살 소시지를 대각선으로 올린다. 새우, 방울토마토로 장식한다.

콩콩 tip
바질 페스토
바질, 올리브유 등을 더해 만든 소스예요. 시판 바질 페스토를 구입하거나, 직접 만들어도 좋아요.
바질 잎 5g + 호두 1큰술(10g) + 올리브유 1작은술 + 소금 약간 + 통후추 간 것 약간을 믹서에 곱게 갈면 완성. 시판 바질 페스토는 구입 양이 많으므로 한번 먹을 분량씩 냉동해두세요.

토마토꽃밭 샐러드 도시락

스크램블 에그와 딸기
닭가슴살 큐브와 크러시드페퍼
유자 드레싱

스크램블 에그와 딸기
- 달걀 1개
- 딸기 2개
- 올리브유 약간

토마토꽃밭 샐러드

붉은 토마토꽃, 노랑 방울토마토, 초록의 어린잎 채소가 가득한 꽃밭 샐러드예요. 마지막에 코코넛 슬라이스를 뿌린 덕분에 눈 내린 겨울 정원같기도 하고요. 토마토꽃은 토마토를 최대한 얇게 써는 것이 포인트입니다. 또 덜 익은 토마토 보다는 완숙이나 쥬스용 토마토를 사용하는 것이 좋아요.

{ 재료 }
- 토마토 1개(150g)
- 어린잎 채소 2줌(40g)
- 방울토마토 6개
- 코코넛 슬라이스 1큰술

유자 드레싱
- 레몬즙 2큰술
- 유자청 1큰술
- 올리브유 1큰술
- 허브맛소금 약간

닭가슴살 큐브와 크러시드페퍼
- 시판 닭가슴살 큐브 7개
- *구입처 아임닭
- 크러시드페퍼 약간

1
방울토마토는 2등분한다.

2
토마토는 꼭지 부분을 잘라낸 후 평평하게 만든다. 0.3cm 두께로 최대한 얇게 썬다.

3
손으로 토마토를 길게 펼친다.

4
토마토를 안쪽으로 돌돌 말아 꽃을 만든다.

5
도시락에 어린잎 채소를 담고 가운데에 토마토를 올린다.
* 뒤집개를 이용하면 토마토를 흐트러짐 없이 옮길 수 있어요.

6
방울토마토를 가장자리에 올린 후 코코넛 슬라이스를 뿌린다.

1
스크램블 에그
달군 팬에 올리브유, 달걀을 넣고 약한 불에서 저어가며 1분간 익힌다.

통단호박 샐러드 도시락

삶은 달걀과 로즈메리
딸기 요거트
시나몬 요거트 드레싱

삶은 달걀과 로즈메리
- 삶은 달걀 2개
  * 달걀 삶기 24쪽
- 로즈메리 약간

통단호박 샐러드
자연 그대로의 건강한 단맛을 가진 단호박. 속도 편하게 해주고, 포만감도 오래가서 참 좋은 다이어트 재료 중 하나이지요. 많은 양을 쪄서 냉동해두면 언제든지 편하게 즐길 수 있답니다.

{ 재료 }
- 단호박 1/3개(250g)
- 어린잎 채소 2줌(40g)
- 래디시 2개
  (또는 방울토마토)
- 블랙올리브 3개
- 볶은 퀴노아 약간

시나몬 요거트 드레싱
- 떠먹는 플레인 요구르트 1/2통(40g)
- 시나몬가루 1/2큰술
- 레몬즙 1/2큰술
- 꿀 1/2큰술
- 치아시드 약간

딸기 요거트
- 떠먹는 플레인 요구르트 1/2통(40g)
- 딸기 3개
  * 딸기 예쁘게 썰기 26쪽

 샐러드 & 면

1

단호박은 2등분한다. 끓어오른 찜기에 넣고 뚜껑을 덮어 젓가락으로 찔렀을 때 부드럽게 들어갈 때까지 10~15분간 찐다.

✽ 단호박은 베이킹소다로 씻어 껍질까지 함께 먹는 것이 좋아요. 크기에 따라 익히는 시간을 조절하세요.

2

래디시, 블랙올리브는 얇게 썬다.

3

도시락에 어린잎 채소를 담은 후 단호박을 엇갈리게 올린다.

✽ 단호박은 완전히 식힌 후 담으세요.

4

래디시, 블랙올리브를 올린다. 볶은 퀴노아를 뿌린다.

하트 아보카도 콥 샐러드 도시락

귤
닭가슴살 볼과 치아시드
요거트 드레싱

귤 1개
*귤 예쁘게 썰기 26쪽

하트 아보카도 콥 샐러드

만들기 쉬우면서, 가장 다양한 모양을 낼 수 있는 샐러드가 바로 콥 샐러드예요. 가로로 담기, 세로로 담기, 사선으로 담기, 동그랗게 담기 등 원하는 모양으로 건강한 재료를 가득 담아보세요.

{ 재료 }
- 아보카도 1/2개
- 오이 1/4개(50g)
- 빨강 방울토마토 2개
- 주황 방울토마토 2개
- 적양배추 3장
  (손바닥 크기, 또는 양배추, 90g)
- 통조림 옥수수 1/3캔(60g)
- 레몬즙 약간

요거트 드레싱
- 떠먹는 플레인 요구르트 1/2통(40g)
- 레몬즙 2큰술
- 꿀 1/2큰술
- 허브맛소금 약간

닭가슴살 볼과 치아시드
- 시판 닭가슴살 볼 4개
- 치아시드 약간

샐러드 & 면

1 오이는 사방 1cm 크기로 썬다.

2 방울토마토는 사방 1cm 크기로 썬다.

3 적양배추는 1×1cm 크기로 썬다.

4 옥수수는 체에 받쳐 물기를 없앤다.

5 아보카도는 칼이 씨에 닿도록 깊숙이 꽂은 후 360° 빙 돌려가며 칼집을 낸다.

6 비틀어 두 쪽으로 나눈 후 씨에 칼날을 꽂아 비틀어 뺀다. *남은 아보카도는 단면에 레몬즙 약간을 바른 후 랩으로 감싸 냉장 보관(2~3일)하세요.

콩콩 tip

재료 대체하기
콥(cobb)이라는 이름을 가진 셰프가 남은 채소로 샐러드를 만들었는데, 이게 유명해지면서 콥 샐러드가 탄생했답니다. 즉, 콥 샐러드의 재료는 양배추, 사과, 피망, 고구마 등 어떤 채소도 대체할 수 있답니다.

통조림 옥수수 대체하기
통조림 옥수수의 단맛이 부담스러울 땐 삶아 낱개 포장해서 판매하는 옥수수를 활용하면 좋아요. 칼로 알맹이만 썰어서 사용하세요.

7
껍질을 벗긴 후 1cm 두께로 썬 다음
타원형 모양 그대로 도마에 올린다.
*아보카도 껍질은 손으로 벗기거나,
숟가락으로 과육을 떠서 분리해도 돼요.

8
가운데 부분을 아래로 살짝 눌러
하트(♡)모양으로 만든다.

9
도시락의 가운데에 아보카도를 담은 후
스프레이 용기에 레몬즙을 담아
아보카도에 뿌려 색이 변하는 것을 막는다.
*뒤집개를 이용하면 아보카도를
흐트러짐 없이 옮길 수 있어요.

10
가장자리에 오이, 방울토마토, 적양배추,
옥수수를 섞이지 않도록 담는다.

콩콩 tip
아보카도 고르고, 숙성 시키기

덜 익은 상태의 초록색 아보카도를 구입, 쌀통에 넣어서
직접 후숙시키는 것이 좋아요. 쌀통 깊숙이 넣어두면
사진과 같이 갈색을 띠는 초록색이 되면서 말랑해지는데요,
이때, 냉장실로 옮겨두면 그대로 2~3일 정도
숙성된 상태를 유지할 수 있답니다.

덜 익은 것 → 잘 익은 것 → 많이 익은 것

#콩콩도시락
콩콩이가 답한다!

콩콩도시락은 예쁜 모양뿐만 아니라
맛도 참 좋아요.
메뉴 구상은 주로 어떻게 하나요?

#전날확인

#식어도맛있게

#조리법

1_ 전날 밤에 냉장고 속 재료를 확인, 메인 메뉴를 무얼 할지 정하세요
전날 밤, 냉장고 속 재료만으로 만들 수 있는 메인 메뉴를 먼저 결정합니다.
사이드 메뉴는 메인 메뉴와 색깔, 맛, 영양이 겹치지 않는 선에서 담으면 돼요.
*주재료별 메뉴 인덱스 만나기 180쪽

2_ 식어도 괜찮은 음식을 선택하세요
도시락 메뉴는 보통 아침에 만든 후 몇 시간이 지나서 먹게 되죠.
따라서 온도에 민감하지 않은 메뉴를 선택하는 것이 좋아요.
또한 만든 직후의 따뜻한 상태의 음식은 반드시 식힌 다음 도시락에 담고 뚜껑을 덮어야 해요.
안 그러면 뚜껑에 물방울이 맺혀 음식 위로 다시 떨어지는데, 그렇게 되면 맛이 떨어지고
쉽게 상한답니다. 참, 전자레인지 사용 가능한 도시락이라면 먹기 전 데워 먹는 것도 좋아요.

3_ 조리법이 너무 겹치지 않도록 하세요
저는 데치거나 생으로 먹는 것을 가장 많이 활용하고, 기름을 최소로 사용한 구이도
종종 선택하지요. 이러한 조리법은 하나의 도시락에서 겹치지 않는 것이 좋아요.
예를 들어 메인부터 사이드까지 모두 데치는 메뉴라면 불이 부족해서
아침에 많은 시간을 뺏기게 되잖아요. 그런 부분도 미리 계산하세요.
단, 재료 그대로를 담는 것은 크게 관계없답니다.

콩콩 스토리

아쉬움 대신 기다림이 있는 **신혼여행,** 닭가슴살 타코 도시락

> 『 가고 싶었던 여행지, 먹고 싶었던 그곳의 음식,
> 언젠가 함께 갈 그날을 약속해요. 』

남편과 함께 여행 가고 싶은 곳 1순위가 바로 멕시코예요. 신혼여행을 멕시코의 칸쿤 비치로
가려고 했는데 사정상 그러지 못했거든요.
문득 그 아쉬움이 떠오르는 날이면 가만히 앉아 상상하곤 해요.
석양이 지는 해변에 앉아 한 손에는 맥주, 한 손에는 타코를 들고 있는 우리의 모습을 말이죠.
지금 당장 떠나지 못하더라도 마음속에는 아름다운 풍경이 있으니 그거면 된 거 아니겠어요?

오늘은 그 설레는 마음 반, 아쉬운 마음 반으로 멕시코의 전통 요리인 '타코'를 만들었어요.
전자레인지를 활용해 또띠야 그릇을 만들고 매콤하게 볶은 닭가슴살과 채소를 듬뿍 넣었지요.
도시락을 챙기며 오늘은 남편에게 카드도 써봅니다.
"여보! 우리 리마인드 웨딩 때는 꼭 칸쿤 가는 거야!"

닭가슴살 타코 도시락

닭가슴살 타코

- 또띠아(지름 15cm) 2장
- 시판 완조리 닭가슴살 1팩(100g)
- 파프리카 1/2개(100g)
- 양배추 2장(손바닥 크기, 60g)
- 양상추 3장(손바닥 크기, 45g)
- 올리브유 1/2큰술
- 타코시즈닝 2큰술
  (또는 하프 토마토케첩)

오렌지와 로즈메리

- 오렌지 1/2개(100g)
  * 오렌지 예쁘게 썰기 27쪽
- 로즈메리 약간

토마토 살사

- 토마토 1/2개(75g)
- 양파 1/4개(50g)
- 블랙올리브 3개
- 레몬즙 1큰술
- 올리브유 1큰술
- 허브맛소금 약간

삶은 달걀 1개

* 달걀 삶기 24쪽

1_ 닭가슴살, 파프리카, 양배추는 한입 크기로 썬다.

2_ 달군 팬에 올리브유, ①을 넣고 중약 불에서 2분,
   타코시즈닝을 넣고 2분간 볶은 후 중간 불로 올려 1분간 볶은 후 불을 끈다.

3_ 토마토, 양파, 블랙올리브는 굵게 다진 후 나머지 토마토 살사 재료와 섞는다.

4_ 또띠야를 긴 맥주잔에 말아 넣는다.
   전자레인지에서 30초간 돌린 후 그대로 한 김 식혀 모양을 유지한다.

5_ 도시락에 또띠야를 담고 양상추 → ②를 채운다.

"입이 심심한 시간에 먹기 좋은 스낵, 그리고 주말, 브런치를 위한 플래터를 소개합니다.
스낵 & 플래터라고 해서 새로운 재료를 구입해야 한다거나, 더 어렵거나, 절대 그렇지 않아요.
매일의 콩콩도시락에 활용하는 재료를 조금만 달리 손질하고, 담기만 하면 되지요.
특히 플래터는 그 모양이 예뻐 다이어트와 전혀 상관없는, 손님 초대 요리로도 좋다고
많이 이야기하시더라고요. 우리, 가끔은 도시락에서 벗어나 볼까요?"

PART 5

스낵 & 플래터

당근전 & 감자전

당근전

- 당근 1/2개(100g)
- 달걀 1개
- 올리브유 1큰술
- 허브맛소금 약간

1_ 당근은 스파이럴라이저로 가늘게 채 썬다.
  *채칼이나 칼로 가늘게 채 썰어도 좋아요.

2_ 달군 팬에 올리브유 1/2큰술,
  당근, 허브맛소금을 넣고 약한 불에서
  5~6분간 노릇노릇하게 볶은 후 덜어둔다.

3_ 달군 팬에 올리브유 1/2큰술, 달걀을 넣어
  약한 불에서 3분간 그대로 굽는다.

4_ 달걀 가장자리에 ③의 당근을 동그랗게
  올린 후 불을 끈다.

감자전

- 감자 1개(200g)
- 올리브유 1큰술
- 로즈메리 약간

양념
- 파마산 페퍼맛 시즈닝 1큰술
- 감자전분 1/2큰술
- 레몬즙 1큰술
- 올리브유 1큰술

1_ 감자는 스파이럴라이저로 가늘게 채 썬다.
  *채칼이나 칼로 가늘게 채 썰어도 좋아요.

2_ 감자는 10분간 찬물에 담가둔다. 키친타월로 감싸
  물기를 완전히 없앤다. *물에 담가두면
  감자의 전분이 없어져 더 아삭하게 즐길 수 있어요.

3_ 큰 볼에 양념을 섞은 후 감자를 넣어 버무린다.

4_ 달군 팬에 올리브유를 두른다.
  감자1/2분량씩을 올려 동그랗게 만든 후 약한 불에서
  앞뒤로 각각 3분씩 뒤집개로 눌러가며 굽는다.

콩콩tip 파마산 페퍼맛 시즈닝 대체하기
파마산 치즈가루 1/2큰술 + 통후추 간 것 1/2큰술로 대체해도 좋아요.

통밀 모닝빵꽃

- 통밀 모닝빵 2개
- 달걀 1개
- 녹말물
  (물 3큰술 + 감자전분 1작은술)
- 닭가슴살 슬라이스햄 1장
- 올리브유 약간

1_ 볼에 달걀을 푼 후 녹말물을 섞어 체에 내린다.

2_ 달걀말이용 사각팬을 달군 다음 올리브유를 두른 후 키친타월로 펴 바른다.

3_ 달걀물을 부어 펼친 후 약한 불에서 앞뒤로 각각 1분씩 구운 후 한 김 식힌다.

4_ ③의 달걀지단, 슬라이스햄의 가운데 부분에만 0.5cm 간격으로 사선으로 칼집을 넣는다. * 칼집을 일정한 간격으로 넣어야 말았을 때 꽃 모양이 예쁘게 나와요.

5_ 달걀 지단, 슬라이스햄을 반으로 접은 후 각각 돌돌 만다.

6_ 통밀 모닝빵은 가운데에 열십(+) 자로 칼집을 넣는다.

7_ 빵에 달걀과 슬라이스햄을 각각 꽂는다.

> 스낵

소콩소콩

- 닭가슴살 비엔나 소시지 9개
- 시판 구운 두부 1/2모
  (또는 부침용 두부, 75g)
- 시판 볼케이노 소스 2큰술
- 올리브유 1/2큰술
- 떠먹는 플레인 요구르트 약간

1_ 구운 두부는 비엔나 소시지와 비슷한 크기로 썬다.

2_ 꼬치에 닭가슴살 소시지 → 구운 두부 순으로 번갈아가며 꽂는다.

3_ 달군 팬에 올리브유, ②를 넣은 후 약한 불에서 앞뒤로 각각 1분씩 노릇노릇하게 굽는다.

4_ 볼케이노 소스를 발라가며 앞뒤로 각각 1분 30초씩 굽는다.

5_ 떠먹는 플레인 요구르트를 뿌린다.

콩콩tip 볼케이노 소스
매콤한 양념치킨 소스예요. 볶음 요리에 활용하거나 닭가슴살과 밥과 함께 비벼 치밥으로 즐기기도 좋지요. 굽네몰에서 구입 가능해요.

닭가슴살 오이롤 꼬치

- 오이 1개(200g)
- 시판 닭가슴살 볼 6개
- 슬라이스 치즈 2장
- 닭가슴살 슬라이스햄 2장

1_ 오이는 필러로 얇게 썰어 6장을 만든다.

2_ 슬라이스 치즈, 닭가슴살 슬라이스햄은 3등분한다.

3_ 오이에 슬라이스 치즈 → 닭가슴살 슬라이스햄 → 닭가슴살 볼을 1개씩 올린다.

4_ 돌돌 만 후 꼬치에 끼운다.

네 가지 맛 아보카도 카나페

＊핀 크리스프 만나기 19쪽

방울토마토 아보카도 카나페
- 핀 크리스프 1개
- 아보카도 1/8개(손질 후 20g)
- 방울토마토 2개
- 블루베리 3알

달걀 아보카도 카나페
- 핀 크리스프 1개
- 아보카도 1/8개(손질 후 20g)
- 삶은 달걀 1개
- 크러시드페퍼 약간

병아리콩 아보카도 카나페
- 핀 크리스프 1개
- 아보카도 1/8개(손질 후 20g)
- 삶은 병아리콩 1큰술
- 로즈메리 약간

자몽 아보카도 카나페
- 핀 크리스프 1개
- 아보카도 1/8개(손질 후 20g)
- 자몽 1/4개
- 애플민트 약간
- 치아시드 약간

1
아보카도는 칼이 씨에 닿도록 깊숙이 꽂은 후 360° 빙 돌려가며 칼집을 낸다.

아보카도 고르고, 숙성 시키기 52쪽

2
비틀어 두 쪽으로 나눈 후 씨에 칼날을 꽂아 비틀어 뺀다.

3
아보카도 1/2개는 껍질을 벗긴 후 포크로 과육을 으깬다.

4
핀 크리스프에 아보카도를 나눠 펴 바른다. *단맛이 적고 바삭한 식감의 핀 크리스프. 다른 다이어트용 스낵으로 대체해도 좋아요.

1 방울토마토 아보카도카나페
방울토마토는 2등분한 후 올리고 빈 공간에 블루베리를 올린다.

1 달걀 아보카도카나페
삶은 달걀은 달걀 슬라이서로 얇게 썬 후 겹쳐 올리고 크러시드페퍼를 뿌린다.
*달걀 삶기 24쪽

1 병아리콩 아보카도카나페
삶은 병아리콩을 올린 후 로즈메리를 올린다.
*병아리콩 삶기 25쪽

1 자몽 아보카도카나페
손질한 자몽을 비스듬히 올린 후 치아시드, 애플민트를 올린다.
*자몽 예쁘게 썰기 147쪽

아보카도 플래터

아보카도 또띠야피자

- 아보카도 3개
- 통밀 또띠야(지름 20cm) 1장
- 블루베리 10알

아보카도 스무디

- 아보카도 1/2개
  (손질 후 80g)
- 바나나 1개(100g)
- 케일 10장(쌈용, 50g)
- 레몬즙 1큰술
- 코코넛밀크 1/2컵
  (또는 저지방 우유, 100㎖)
- 로즈메리 약간

아보카도 스무디

1 손질한 아보카도, 바나나, 케일은 한입 크기로 썬다. 믹서에 로즈메리를 제외한 재료를 넣고 간다.

2 볼에 담은 후 로즈메리를 올린다.

콩콩tip
코코넛밀크
코코넛 과육에서 짠 액이에요.
동남아 요리에서 많이 활용하지요.
스무디에 넣으면 독특한 향을 더해준답니다.

아보카도 고르고, 숙성 시키기 52쪽

아보카도 또띠야피자

1 아보카도는 세로로 잡고 칼이 씨에 닿도록 깊숙이 꽂은 후 360° 빙 돌려가며 칼집을 낸다.

2 비틀어 두 쪽으로 나눈 후 씨에 칼날을 꽂아 비틀어 뺀다.

3 아보카도 1/2개는 볼에 담아 으깬다.

4 통밀 또띠야는 8등분한다. ③의 으깬 아보카도를 펴 바른다. 남은 아보카도로 장식을 만들어 블루베리와 함께 올린다.

피자 장식 1

1

아보카도 1/2개는
가로로 최대한 얇게 썬다.

2

손으로 길게 펼친다.

3

안쪽으로 돌돌 말아
꽃 모양을 만든다.

피자 장식 2

1

이보가도 1/2개는
가로로 최대한 얇게 썬다.

2

손으로 살짝 눌러 펼친다.

3

쿠키틀로 찍어 모양을 낸다.
*남은 아보카도는 또띠야피자
 과정 ③에 함께 더해도 좋아요.

피자 장식 3

1

아보카도는 가로로 잡고
칼이 씨에 닿도록 깊숙이 꽂은 후
360° 빙 돌려가며 칼집을 낸다.

2

비틀어 두 쪽으로 나눈 후
씨에 칼날을 꽂아 비틀어 뺀다.

3

아보카도는 가로로 1cm 두께로 썬다.
이때, 아보카도 끝부분은 얇게 썬다.

피자 장식 4

1

아보카도는 가로로 잡고
칼이 씨에 닿도록 깊숙이 꽂은 후
360° 빙 돌려가며 칼집을 낸다.

2

비틀어 두 쪽으로 나눈 후
씨에 칼날을 꽂아 비틀어 뺀다.

3

아보카도 1/2개는 뒤집어 놓은 후
스쿱이나 작은 숟가락으로 동그랗게 판다.

베리베리 플래터

베리 크림치즈 오픈샌드위치
- 통밀 바게트 두께 1cm 3장
- 딸기 12개
- 블루베리 12알
- 크림치즈 1큰술
- 슈거파우더 약간(생략 가능)

베리스무디
- 냉동 믹스베리 1컵(100g)
- 딸기 1컵(100g)
- 생수 1/2컵(100㎖)
- 떠먹는 플레인 요구르트 약간

꼼꼼tip
베리스무디 재료 대체하기
냉동 믹스베리, 딸기를 한 종류로 사용하거나 다른 베리류(블루베리, 산딸기 등)로 대체해도 좋아요. 단, 이때 총량은 200g이 되도록 하세요.

베리 크림치즈 오픈샌드위치

1
딸기 10개는 0.5cm 두께로 가로로 썬다.
나머지 2개는 꼭지 부분에 V자로
칼집을 낸 후 길이로 2등분한다.
✱ 딸기 예쁘게 썰기 26쪽

2
달군 팬에 바게트를 올린 후
약한 불에서 앞뒤로 각각 1분씩 굽는다.

3
바게트 1장은 사진과 같이
삼각형 모양으로 4등분한다.

4
바게트에 크림치즈를 나눠 바른 후
딸기, 블루베리를 올린다.
슈거파우더를 뿌린다.

베리스무디

1
믹서에 생수 → 냉동 믹스베리 →
딸기 순으로 넣고 간다.

2
①을 볼에 담는다.
떠먹는 플레인 요구르트를
끝이 뾰족한 소스통에 담는다.

1 스무디 장식 1
떠먹는 플레인 요구르트를
별(✱) 모양으로 짠다. 꼬치로
안쪽부터 동그라미를 점점 크게 그린다.

1 스무디 장식 2
플레인 요구르트를 점처럼 여러군데 짠다.
꼬치로 점끼리 이어가며 그어 모양을 만든다.

열대과일 플래터

바나나 망고 오픈샌드위치
- 통밀 식빵 1장
- 바나나 1개(100g)
- 망고 1/2개
- 땅콩버터 1/2큰술
- 견과류 1~2큰술

시나몬 바나나스무디
- 바나나 2개(200g)
- 햄프시드 2큰술
- 시나몬가루 1/2큰술
- 저지방 우유 1/2컵
  (또는 두유, 100㎖)
- 그래놀라 1큰술
- 카카오닙스 약간
- 애플민트 약간

바나나 망고 오픈샌드위치

1
망고는 가운데 씨를 기준으로
양옆을 두툼하게 썬다.

2
망고는 사방 1cm 크기로 썬다.
바나나는 길이로 2등분한다.

3
통밀 식빵에 땅콩버터를 펴 바른 후
바나나를 교차해서 올린다.
망고, 견과류를 올린다.

콩콩tip
남은 망고 보관하기
랩으로 감싸 냉동(7일).
해동 없이 스무디에 활용해요.

시나몬 바나나스무디

1
바나나 1개는 한입 크기로 썰고,
1개는 0.5cm 두께로 얇게 썬다.

2
믹서에 한입 크기로 썬 바나나 1개,
햄프시드, 시나몬가루,
저지방 우유를 넣어 간다.

3
볼에 담은 후 얇게 썬 바나나 1개를
가장자리에 둘러가며 담는다.
그래놀라, 카카오닙스를
가운데에 올리고 애플민트로 장식한다.

플래터

시트러스 플래터

오렌지 자몽샐러드
- 오렌지 1개(300g)
- 자몽 1개(450g)
- 어린잎 채소 1줌(20g)

드레싱
- 레몬즙 3~4큰술
- 꿀 1큰술
- 올리브유 1큰술
- 허브맛소금 약간

시금치 오렌지스무디
- 시금치 1줌(50g)
- 오렌지 1개(300g)
- 사과 1/2개(100g)
- 생수 1/2컵(100㎖)
- 레몬 1/4개(50g)
- 그래놀라 1큰술
- 코코넛 슬라이스 1큰술
- 치아시드 1큰술

스낵 & 플래터

오렌지 자몽샐러드

1
오렌지, 자몽은 양 끝을 제거한다.
돌려가며 껍질을 도려내듯 벗긴다.

2
1cm 두께로 동그랗게 썬다.

3
오렌지, 자몽을 번갈아가며 그릇의
가장자리에 담는다. 가운데 어린잎 채소를
올린다. 드레싱을 섞은 후 찍어 먹을 수
있도록 곁들인다.

시금치 오렌지스무디

1
시금치, 오렌지, 사과는
한입 크기로 썬다.
레몬은 최대한 얇게 썬다.

2
믹서에 생수 → 사과 → 오렌지 → 시금치
순으로 넣고 간다.

3
볼에 담은 후 레몬, 그래놀라, 코코넛
슬라이스, 치아시드를 각각 길게 담는다.
이때, 마지막의 초록색 스무디가
가리지 않도록 한다.

콩콩tip

과일 씻기
껍질째 먹는 사과, 레몬은
깨끗하게 씻는 것이 중요해요.
사과는 잠길 만큼의 물 + 식초 1큰술에
10분간 담가둔 후 씻으세요.
레몬은 굵은소금으로 문질러 씻으면 돼요.

Q&A

#콩콩도시락
콩콩이가 답한다!

콩콩도시락처럼
영상을 촬영하고,
만들어보고 싶어요.

#나도

#SNS스타

#영상촬영

많은 분들이 저의 영상 촬영 장비와 방식에 대해 궁금해하시더라고요.
알고 보면 착한 가격의, 아주 간단한 방법으로 찍고 있습니다.
저같이 바쁜 워킹맘도 매일 인스타그램에 영상을 올릴 수 있는 방법, 지금 소개할게요.

1_ 휴대폰 & 어플

영상의 촬영과 편집 모두 휴대폰으로 해요. 촬영은 휴대폰의 기본 카메라로,
편집은 'VLLO'라는 이름의 어플을 활용하지요. VLLO 어플은 영상의 재생 속도를 조절할 수 있고,
잘라내기 기능도 있어서 아주 유용하답니다. 편집 이후에 자막, 음악을 넣으세요.

2_ 거치대

처음 영상을 찍을 때는 카메라 삼각대와 '자바라 거치대'를 활용했어요. 자바라 거치대는
3,000원 정도면 인터넷 쇼핑몰에서 쉽게 구입할 수 있습니다. 테이블에 고정시켜
사용하다 보니 조금씩 불편한 점이 생겨 지금은 태블릿 거치대 스탠드형을 사용하고 있지요.
주방의 자리를 차지하고 있다는 점이 단점이긴 하나, 매번 테이블에 고정시킬 필요가 없는
장점도 있어요. 또한, 길이가 길어 높은 곳에서도 촬영이 가능한 제품이랍니다. 빅쏘 제품을 주로
사용했는데요, 인터넷에서 '휴대폰 거치대'를 검색해서 마음에 드는 것으로 선택하면 됩니다.

3_ 조명

처음에는 조명이 없었지만, 조금 더 밝은 영상을 만들고 싶어서 룩스패드 43 제품을 사용하고 있어요.

4_ 세팅

싱크대와 아일랜드 식탁에 촬영 장비를 항상 세팅해둬요. 재료 손질, 도마를 활용하는 과정과
에어프라이어나 가스버너를 활용하는 과정에 따라 옮겨가며 촬영하면 시간을 절약할 수 있답니다.

예쁘고 맛있게 만든 도시락,
사진 & 영상으로 남겨보세요!

INDEX

주재료별

채소

감자
콘 감자 토스트 도시락	84
아보카도 소스 감자국수 도시락	130
감자전	162

고구마
고구마 & 팥 웨이브 토스트 도시락	66
또띠야컵 고구마샐러드 도시락	136

깻잎
충무 하트주먹밥 도시락	56
닭가슴살 또띠야롤 도시락	100
소시지 하트 김밥 도시락	108
아보카도 에그롤 도시락	112
연어 아보카도 깻잎롤 도시락	118

당근
당근절임 샌드위치 도시락	74
닭가슴살 채소 스프링롤 도시락	104
후무스 또띠야롤 도시락	124
토마토 소스 구운 채소샐러드 도시락	132
당근전	162

브로콜리
브로콜리 새우주먹밥 도시락	40

상추
당근절임 샌드위치 도시락	74
삼색 파프리카 샌드위치 도시락	78
연어샐러드 포켓샌드위치 도시락	82
디미고 샌드위치 도시락	86
토마토 상추꽃 샌드위치 도시락	88
닭가슴살 도톰김밥 도시락	102
닭가슴살 채소 스프링롤 도시락	104

아스파라거스
아스파라거스 보자기 샌드위치 도시락	80
카레 해바라기 주먹밥 도시락	90

양배추 & 적양배추
양배추 치즈볼 도시락	48
닭가슴살 채소 스프링롤 도시락	104
채소 가득 양배추롤 도시락	116
새우 과카몰리 도시락	140
하트 아보카도 콥 샐러드 도시락	154
닭가슴살 타코 도시락	158

양파 & 적양파
연어샐러드 포켓샌드위치 도시락	82
아보카도 소스 감자국수 도시락	130
토마토 소스 구운 채소샐러드 도시락	132
닭가슴살 타코 도시락	158

오이
게맛살 날치알 김주먹밥 도시락	32
낫토 오이 군함말이 도시락	34
참치 오이초밥 도시락	54
연어샐러드 포켓샌드위치 도시락	82
닭가슴살 또띠야롤 도시락	100
닭가슴살 채소 스프링롤 도시락	104
아보카도 에그롤 도시락	112
파프리카 가득 케일롤 도시락	122
면두부 오이말이 도시락	138
하트 아보카도 콥 샐러드 도시락	154
닭가슴살 오이롤 꼬치	165

토마토 & 방울토마토
쌈무꽃 주먹밥 도시락	46
방울토마토절임 오픈토스트 도시락	76
연어샐러드 포켓샌드위치 도시락	82
토마토 상추꽃 샌드위치 도시락	88
후무스 또띠야롤 도시락	124
두부 카프레제 도시락	134
아보카도 망고 푸실리 도시락	142
자몽꽃 샐러드 도시락	146
볶음 주키니면 도시락	148
토마토꽃밭 샐러드 도시락	150
하트 아보카도 콥 샐러드 도시락	154
방울토마토 아보카도카나페	166

파프리카
새우 카레주먹밥 도시락	42
쇠고기 유부볼 도시락	44
삼색 파프리카 샌드위치 도시락	78
연어샐러드 포켓샌드위치 도시락	82
닭가슴살 또띠야롤 도시락	100
쌈무롤 도시락	110
채소 가득 양배추롤 도시락	116
파프리카 가득 케일롤 도시락	122
닭가슴살 타코 도시락	158

과일

딸기 & 블루베리 & 베리류
방울토마토 아보카도카나페	166
아보카도 또띠야피자	168
베리 크림치즈 오픈샌드위치	172
베리스무디	172

망고
아보카도 망고 푸실리 도시락	142
바나나 망고 오픈샌드위치	174

바나나
아보카도 스무디	168
바나나 망고 오픈샌드위치	174
시나몬 바나나스무디	174

아보카도

참치 아보카도주먹밥 도시락	50
낫토 아보카도 핫샌드위치 도시락	68
아스파라거스 보자기 샌드위치 도시락	80
아보카도 에그롤 도시락	112
연어 아보카도 깻잎롤 도시락	118
아보카도 소스 감자국수 도시락	130
새우 과카몰리 도시락	140
아보카도 망고 푸실리 도시락	142
하트 아보카도 콥 샐러드 도시락	154
방울토마토 아보카도카나페	166
달걀 아보카도카나페	166
병아리콩 아보카도카나페	166
자몽 아보카도카나페	166
아보카도 또띠야피자	168
아보카도 스무디	168

자몽 & 오렌지 & 귤

자몽꽃 샐러드 도시락	146
자몽 아보카도카나페	166
오렌지 자몽샐러드	176
시금치 오렌지스무디	176

육류 및 가공품

낫토

낫토 오이 군함말이 도시락	34
낫토 아보카도 핫샌드위치 도시락	68

달걀

현미 도넛주먹밥 도시락	60
달걀 소시지 오픈토스트 도시락	70
달걀꽃 핫도그 도시락	72
삼색 파프리카 샌드위치 도시락	78
콘 감자 토스트 도시락	84
타마고 샌드위치 도시락	86
달걀말이김밥 도시락	94
달걀 줄무늬김밥 도시락	96
두부 약고추장 물방울롤 도시락	106
아보카도 에그롤 도시락	112
또띠야컵 고구마샐러드 도시락	136
새우 과카몰리 도시락	140
당근전	162
통밀 모닝빵꽃	163
달걀 아보카도카나페	166

닭가슴살(완조리)

메추리알 모자 두부 유부초밥 도시락	36
새우 카레주먹밥 도시락	42
양배추 치즈볼 도시락	48
카레 해바라기 주먹밥 도시락	90
닭가슴살 또띠야롤 도시락	100
닭가슴살 도톰김밥 도시락	102
닭가슴살 채소 스프링롤 도시락	104
쌈무롤 도시락	110
아보카도 에그롤 도시락	112
채소 가득 양배추롤 도시락	116
파프리카 가득 케일롤 도시락	122
토마토 소스 구운 채소샐러드 도시락	132
새우 과카몰리 도시락	140
아보카도 망고 푸실리 도시락	142
닭가슴살 타코 도시락	158

두부

메추리알 모자 두부 유부초밥 도시락	36
양배추 치즈볼 도시락	48
참치 아보카도주먹밥 도시락	50
두부 약고추장 물방울롤 도시락	106
치팸 두부 무스비 도시락	120
두부 카프레제 도시락	134
면두부 오이말이 도시락(면두부)	138
소콩소콩	164

또띠야

닭가슴살 또띠야롤 도시락	100
후무스 또띠야롤 도시락	124
또띠야컵 고구마샐러드 도시락	136
닭가슴살 타코 도시락	158
아보카도 또띠야피자	168

라이스페이퍼

닭가슴살 채소 스프링롤 도시락	104
연어 아보카도 깻잎롤 도시락	118

소시지 & 햄 & 볼(닭가슴살)

러블리 김치주먹밥 도시락	62
달걀 소시지 오픈토스트 도시락	70
삼색 파프리카 샌드위치 도시락	78
아스파라거스 보자기 샌드위치 도시락	80
콘 감자 토스트 도시락	84
달걀말이김밥 도시락	94
닭가슴살 도톰김밥 도시락	102
두부 약고추장 물방울롤 도시락	106
소시지 하트 김밥 도시락	108
치팸 두부 무스비 도시락	120
하트 소시지 주먹밥 도시락	126
볶음 주키니면 도시락	148
통밀 모닝빵꽃	163
소콩소콩	164
닭가슴살 오이롤 꼬치	165

참치(통조림)

참치 아보카도주먹밥 도시락	50
참치 오이초밥 도시락	54

통밀 모닝빵

타마고 샌드위치 도시락	86
통밀 모닝빵꽃	163

통밀 바게트

베리 크림치즈 오픈샌드위치	172

통밀 베이글

당근절임 샌드위치 도시락	74

통밀 식빵

고구마 & 팥 웨이브 토스트 도시락	66
낫토 아보카도 핫샌드위치 도시락	68
달걀 소시지 오픈토스트 도시락	70
방울토마토절임 오픈토스트 도시락	76
삼색 파프리카 샌드위치 도시락	78
아스파라거스 보자기 샌드위치 도시락	80
콘 감자 토스트 도시락	84
토마토 상추꽃 샌드위치 도시락	88
바나나 망고 오픈샌드위치	174

해산물

새우

브로콜리 새우주먹밥 도시락	40
새우 카레주먹밥 도시락	42
연어샐러드 포켓샌드위치 도시락	82
새우 과카몰리 도시락	140
볶음 주키니면 도시락	148

연어

연어샐러드 포켓샌드위치 도시락	82
연어 아보카도 깻잎롤 도시락	118

INDEX

가나다순

ㄱ

감자전	162
게맛살 날치알 김주먹밥 도시락	32
고구마 & 팥 웨이브 토스트 도시락	66

ㄴ

낫토 아보카도 핫샌드위치 도시락	68
낫토 오이 군함말이 도시락	34

ㄷ

달걀 소시지 오픈토스트 도시락	70
달걀 아보카도카나페	166
달걀 줄무늬김밥 도시락	96
달걀꽃 핫도그 도시락	72
달걀말이김밥 도시락	94
닭가슴살 도톰김밥 도시락	102
닭가슴살 또띠야롤 도시락	100
닭가슴살 오이롤 꼬치	165
닭가슴살 채소 스프링롤 도시락	104
닭가슴살 타코 도시락	158
당근전	162
당근절임 샌드위치 도시락	74
두부 약고추장 물방울롤 도시락	106
두부 카프레제 도시락	134
또띠야컵 고구마샐러드 도시락	136

ㄹ

러블리 김치주먹밥 도시락	62

ㅁ

메추리알 모자 두부 유부초밥 도시락	36
면두부 오이말이 도시락	138

ㅂ

바나나 망고 오픈샌드위치	174
방울토마토 아보카도카나페	166
방울토마토절임 오픈토스트 도시락	76
베리 크림치즈 오픈샌드위치	172
베리스무디	172
병아리콩 아보카도카나페	166
병아리콩 유부초밥 도시락	38
볶음 주키니면 도시락	148
브로콜리 새우주먹밥 도시락	40

ㅅ

삼색 파프리카 샌드위치 도시락	78
새우 과카몰리 도시락	140
새우 카레주먹밥 도시락	42
소시지 하트 김밥 도시락	108
소콩소콩	164
쇠고기 유부볼 도시락	44
시금치 오렌지스무디	176
시나몬 바나나스무디	174
쌈무꽃 주먹밥 도시락	46
쌈무롤 도시락	110

ㅇ

아보카도 또띠야피자	168
아보카도 망고 푸실리 도시락	142
아보카도 소스 감자국수 도시락	130
아보카도 스무디	168
아보카도 에그롤 도시락	112
아스파라거스 보자기 샌드위치 도시락	80
양배추 치즈볼 도시락	48
연어 아보카도 깻잎롤 도시락	118
연어샐러드 포켓샌드위치 도시락	82
오렌지 자몽샐러드	176

ㅈ

자몽 아보카도카나페	166
자몽꽃 샐러드 도시락	146

ㅊ

참치 아보카도주먹밥 도시락	50
참치 오이초밥 도시락	54
채소 가득 양배추롤 도시락	116
충무 하트주먹밥 도시락	56
치팸 두부 무스비 도시락	120

ㅋ

카레 해바라기 주먹밥 도시락	90
콘 감자 토스트 도시락	84

ㅌ

타마고 샌드위치 도시락	86
토마토 상추꽃 샌드위치 도시락	88
토마토 소스 구운 채소샐러드 도시락	132
토마토꽃밭 샐러드 도시락	150
통단호박 샐러드 도시락	152
통밀 모닝빵꽃	163

ㅍ

파프리카 가득 케일롤 도시락	122

ㅎ

하트 소시지 주먹밥 도시락	126
하트 아보카도 콥 샐러드 도시락	154
현미 도넛주먹밥 도시락	60
후무스 또띠야롤 도시락	124

늘 곁에두고 활용하는 소장가치 높은 요리책을 만듭니다 **레시피팩토리**

<아침 20분, 예쁜 다이어트 도시락 콩콩도시락>과 **함께 보면 좋은 책**

"에어프라이어로 이렇게 건강한 다이어트 요리를 만들 수 있네요!"

<에어프라이어로 시작하는 건강 다이어트 요리>

에어프라이어로 만드는 가볍고 건강한 레시피

- ☑ 빠르게 만드는 아침 식사 & 폼나는 브런치
- ☑ 식어도 맛있는 점심 도시락
- ☑ 입이 심심할 때, 건강하게 즐기는 오후의 간식
- ☑ 든든하고 가벼운 한 그릇 저녁
- ☑ 늦은 밤을 위한 가벼운 안주
- ☑ 건강하게 즐기는 주말을 위한 달콤 디저트

" 에어프라이어는 전자레인지 대용으로만 사용했었는데, 이렇게 쉽고 다양한 요리라니 신기하고 재미있어요. 덕분에 다이어트에 도움이 많이 됩니다.
- 온라인 서점 알라딘
whe*** 독자님 -

홈페이지 www.recipefactory.co.kr **애독자 카페** 레시피팩토리 프렌즈 cafe.naver.com/superecipe **인스타그램** @recipefactory
네이버 포스트 레시피팩토리 **유튜브·네이버TV** 레시피팩토리TV **카카오스토리·페이스북** 레시피팩토리everyday
구입 및 문의 1544-7051, 온·오프라인 서점

아침 20분, 예쁜 다이어트 도시락 **콩콩** 도시락

1판 1쇄 펴낸 날 2019년 1월 15일
1판 3쇄 펴낸 날 2021년 6월 24일

편집장	이소민
편집	윤채선
디자인	원유경
레시피 검증	장연희·석슬기
사진	박건주(프레임 스튜디오, 어시스턴트 구은미)
스타일링	김미은(어시스턴트 김미희)
영업·마케팅	김은하·고서진

고문	조준일
펴낸이	박성주

펴낸곳	(주)레시피팩토리
주소	서울특별시 송파구 올림픽로212 갤러리아팰리스 A동 1224호
독자센터	1544-7051
팩스	02-6969-5100
홈페이지	www.recipe-factory.co.kr
독자카페	cafe.naver.com/superecipe
출판신고	2009년 1월 28일 제25100-2009-000038호

제작·인쇄	(주)대한프린테크

값 15,800원

ISBN 979-11-85473-47-5

Copyright ⓒ 김희영, 2019
이 책의 레시피, 사진 등 모든 저작권은 저자와 (주)레시피팩토리에 있는 저작물이므로
무단 전재와 무단 복제를 금합니다.

* 인쇄 및 제본에 이상이 있는 책은 구입하신 서점에서 교환해 드립니다.

깜장콩콩이 김희영

두 아들을 키우는 결혼 12년 차 워킹맘.
남편의 건강을 위해 만들기 시작한
다이어트 도시락이 많은 이들의 공감을 얻으며
파워 인스타그래머가 되었다.

'콩콩도시락'으로 알려진 그녀의 도시락은
바쁜 아침에 후다닥 만들 수 있다는 것,
그리고 맛, 모양, 색깔, 영양까지 신경 썼다는
특징을 가졌다.

#콩콩도시락 #다이어트도시락 #도시락의금손 이라
불리는 그녀. 많은 사람이 건강하고 예쁘게 먹는 기쁨과
행복을 누렸으면 하는 마음으로 첫 번째 책을 썼다.

깜장콩콩이 @kongkong2_kim

온라인에서도 레시피팩토리와 함께해요!
홈페이지   www.recipefactory.co.kr
애독자 카페 레시피팩토리 프렌즈 cafe.naver.com/superecipe
인스타그램 @recipefactory
네이버 포스트 · 블로그 레시피팩토리
카카오톡 · 카카오스토리 · 페이스북 레시피팩토리everyday
유튜브 · 네이버TV 레시피팩토리TV

**따라 하다가 궁금한 점은 온라인 애독자 카페
레시피팩토리 프렌즈 Q/A 게시판에 올려주세요.**
꼼꼼하게 답변드리겠습니다.